ESQUISSES

DE VOYAGES

Paris. — Imp. Téqui, rue Vaugirard, 92.

Marquise DE LAUBESPIN

Esquisses de Voyages

PARIS

TÉQUI, LIBRAIRE-ÉDITEUR

85, RUE DE RENNES, 85

—

1891

Les fleurs cachées entre les pages d'un livre sont rapidement flétries et desséchées, mais elles demeurent éclairées de souvenirs et enveloppées de parfums, leurs couleurs ont pâli, leur charme s'est accru, car l'âme y est restée.

Lointaines et vieillies, les visions et les pensées d'autrefois ne seraient-elles pas comme ces fleurs et ne pourraient-elles former un bouquet qui ne fleurit plus, mais qui parfume encore, car l'âme y est restée.

Sᵗ-M. Mˢᵉ DE LAUBESPIN

ÉGYPTE
TURQUIE — PALESTINE
GRÈCE

1862-1863

1

MALTE — ALEXANDRIE

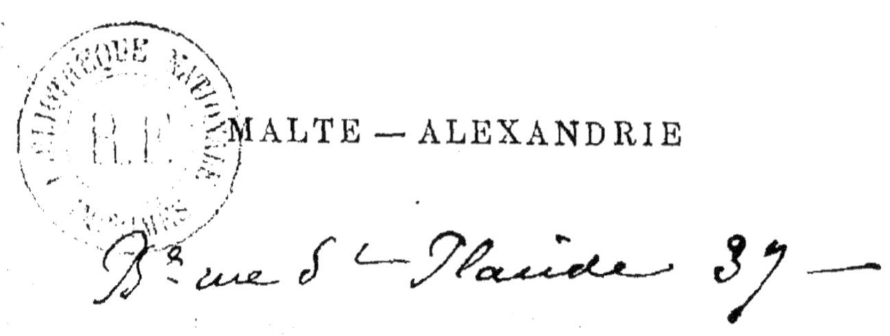

Dans la pensée du Créateur, la femme semble
plutôt destinée aux joies intimes du foyer
qu'aux émotions des voyages lointains. Partant
de là, ces messieurs nous condamnent généralement au coin du feu; ils cherchent, il est
vrai, à dorer notre cage et vont parfois jusqu'à
dire que nous l'embellissons. Moi, j'ai plus
d'ambition encore, j'aspire à ma place au soleil,
et même, depuis longtemps, je songe en secret
à l'Orient, ce vieux monde de qui le nôtre a
tout reçu : berceau du genre humain, terre
mystérieuse, pendant tant de siècles couverte
presque toute entière des ombres épaisses de
l'idolâtrie et qui, au jour voulu par Dieu, nous
donna le Sauveur.

Une occasion s'étant offerte de réaliser ce vœu, je la saisis avec empressement. Nous sommes huit, mus par le même désir, d'âges différents, mais tous pris dans ma famille : père, mère, mari, frère, cousins dont l'un est le Nestor de la bande, toutefois Nestor capable de tenir tête aux plus agiles. Un neuvième compagnon, un ami, viendra plus tard compléter notre caravane. On ne peut, tout en faisant acte d'émancipation, s'entourer de tuteurs plus nombreux et mieux autorisés.

28 Septembre 1862. — Enfin nous voici à bord du *Jourdain!* Il est deux heures, on lève l'ancre, nous partons, et je ne puis croire encore à la réalisation de ce voyage tant souhaité.

Le mouvement et l'animation du port, le pèlerinage de Notre-Dame-de-la-Garde qui domine et protège Marseille, voilà les deux derniers souvenirs que nous emportons de France.

Bientôt nous perdons la ville de vue, les côtes disparaissent à leur tour; puis un beau clair de lune vient, le soir, illuminer un ciel superbe et se faire admirer des pauvres éprouvés d'une mer cependant très calme.

1ᵉʳ Octobre. — On nous promet Malte dès le matin, et nous la cherchons vainement à l'horizon ; surtout un jeune Franciscain qui, sous l'humble nom de Père Bienvenu, cache la noblesse de son glorieux ancêtre, le Grand-Maître Villiers de l'Ile-Adam. Nous arrivons à minuit et pour quelques heures seulement. Vue ainsi par une belle et chaude nuit, Malte a quelque chose de fantastique : son vaste escalier de pierre s'enfonce sous les fortifications, ses rues sont pavées de larges dalles, ses hautes maisons blanches sont sculptées et ornées de balcons couverts, vraies dentelles de pierre dont l'ombre se projette discrètement sur les murs, tandis que quelques femmes attardées se laissent vaguement soupçonner sous leurs voiles.

Transition entre l'Occident et l'Orient, cette ville, aux souvenirs héroïques, ainsi devinée plutôt qu'entrevue dans le silence et l'ombre, nous laisse, comme impression, le regret de ne pouvoir la connaître davantage. Mais la vapeur est impitoyable.

La mer s'émeut bientôt, et j'en pâtis les jours suivants, malgré les soins du contre-maître, joyeux loup de mer corse, qui prend sous sa protection spéciale la *Giovinetta*.

6 Octobre. — L'aube nous révèle Alexandrie, son port et ses blancs minarets. Nous approchons ; aussitôt une nuée de barques légères, dirigées par des hommes aux traits durs, aux costumes étranges et au parler bizarre, entourent le bâtiment, l'assaillent, et leurs fantasques équipages l'escaladent de toutes parts avec l'agilité d'une troupe de singes.

La confusion est inexprimable, et redoublée par les cris et les gestes de ceux qui se débattent contre ces trop obligeants portefaix. Enfin nous abordons, nous passons rapidement par les formalités de la douane, et nous nous lançons parmi cette population composée d'éléments si hétérogènes.

Le premier pas sur la terre étrangère, au milieu d'indifférents et d'inconnus, a quelque chose qui serre le cœur : on se sent seul dans la foule, et la pensée se reporte plus vivement vers ceux que l'on a quittés. Se souvenir n'est-ce pas aussi regretter?

Pourtant, si Alexandrie n'est plus l'Europe, ce n'est pas encore tout à fait l'Orient : ville essentiellement mercantile, toutes les nations s'y sont donné rendez-vous ; la civilisation l'a envahie sans la pénétrer. La grande place des Consuls, d'un style quasi italien, est un contre-sens ; les toilettes parisiennes, frôlant les costumes arabes, en sont un autre, et ce mélange qui frappe à chaque pas ôte beaucoup de son prestige à l'antique cité.

Le comte Sala, l'*alter ego* de M. de Lesseps, nous en fait les honneurs avec une obligeance extrême. La colonne de Pompée, bloc de granit rose de trente mètres de haut, surmonté d'un chapiteau inachevé d'ordre corinthien, le tout posé tellement en équilibre sur un piédestal brut qu'on ne comprend pas qu'il puisse s'y maintenir ; les aiguilles de Cléopâtre renversées, à demi enfouies dans le sable ; le fort Crétin presque ruiné ; les jardins de

Moharem-Bey, dont la fraîcheur, la verdure et les fleurs contrastent avec l'aridité qui l'entoure, telles sont les principales curiosités d'Alexandrie, en y ajoutant ce qui, pour nous, a l'attrait de la nouveauté, les longues files de chameaux chargés ou montés, à la démarche lente et triste, à l'œil mélancolique, au cri plaintif. Nous ne sommes guère moins surpris de la gravité des Arabes perchés sur des ânes richements harnachés, montures fort à la mode dans le sport oriental.

L'ISTHME DE SUEZ — MANSOURAH

8 Octobre. — L'Isthme de Suez, dont le percement occupe le monde entier, nous attire vivement et grâce aux soins du comte Sala, agent supérieur de la Compagnie et à ceux de tous les ingénieurs, ce sera la première et facile étape de ce long voyage. Un chemin de fer, ô anomalie! nous emporte rapidement à travers les champs de riz, de maïs et de cotonniers du Delta. Des bouquets de palmiers surgissent de loin en loin, signalant des villages arabes, amas de tristes et sales huttes de terre où végètent, pêle-mêle avec les poules, les chiens et les moutons, des enfants nus, des hommes déguenillés et des femmes voilées. Nous apercevons les minarets d'El-Saft trancher un instant sur le ciel d'un bleu limpide, et nous arrivons à Samanoud, où nous

1.

devons échanger les wagons contre les élégantes barques du Nil, nommées *dahabiées*. Pendant qu'on prépare celle qui nous est destinée, nous nous promenons dans les rues étroites et tortueuses de cette ville, la première cité vraiment arabe que nous rencontrons ; et, il faut l'avouer, le cachet d'ineffable saleté qui y domine tempère tout d'abord notre enthousiasme. Nous visitons le bazar assez pauvrement fourni, riche seulement en cafés, où les Arabes indolents et désœuvrés, passent une partie du jour en fumant leurs chibouques aux longs tuyaux de laurier, aux petits fourneaux de terre rouge. Les maisons , quoique pauvres, sont toutes ornées de gracieux moucharabis aux fines découpures, aux charmants grillages, à l'abri desquels les recluses des harems peuvent voir sans être vues, selon les exigences des mœurs et de la jalousie orientales.

A six heures du soir, nous nous embarquons. La lune ne tarde pas à paraître, le ciel est pur, scintillant d'étoiles ; l'atmosphère semble transparente, la nature est calme, silencieuse, notre barque, avec sa grande voile triangulaire, vogue lentement sur ce fleuve majestueux ; et cette première nuit du Nil, pleine de poésie et de rêverie, se glisse dans mes meilleurs et mes plus beaux souvenirs. A onze heures, nous arrivons à Mansourah, dont le nom fait vibrer tout cœur français. Prévenu à notre insu, l'agent consulaire d'Espagne nous attend ,et sa réception, premier échantillon de l'hospitalité orientale, nous restera aussi gravée dans la mémoire, comme curieux spécimen. Cet agent, d'origine arabe et ne comprenant d'autre idiome que le sien, nous fait introduire dans un grand salon, dont les murs sont nus et où les divans indigènes contrastent avec les meubles de style empire. Après les profonds saluts d'étiquette, on nous apporte pipe et café, et nous restons là, muets et immobiles, à fumer et nous regarder, lui avec la gravité de ce peuple toujours digne et sérieux, nous luttant tour à tour contre le rire et le sommeil. Au bout de deux heures, enfin, on nous conduit, à travers de longs détours, dans de vastes pièces, où l'on nous abandonne à notre malheureux sort. Malheureux est bien dit : nous espérions nous reposer, mais nous ignorions encore les moustiques et les myriades de petits ennemis intimes qui doivent constituer une huitième plaie d'Egypte non classée jusqu'ici.

9 Octobre. — Dès le point du jour nous allons visiter la maison qui, d'après la tradition, servit de prison à saint Louis; elle est restée ce qu'elle était; rien ne change en Orient, mais elle sert d'habitation à un Arabe et n'offre, d'ailleurs, aucun trait particulier. Nous retournons au Consulat, où nous attend une nouvelle réception, complément de celle de la veille : au café s'adjoignent cette fois du lait de bufflesse et des pâtisseries du pays, affreux mélange de farine de dourah, de cassonade et de graisse de mouton. Une femme paraît, car le consul est chrétien, elle est grand'mère, quoique âgée de moins de trente ans, et belle encore; ses yeux sont doux et profonds, sa physionomie spirituelle; son costume nous laisse voir, outre ses attraits personnels, un curieux assemblage d'étoffes fanées, de diamants, de verroteries, de colifichets, le tout rehaussé de tatouage de henné. Elle nous présente ses petits-enfants, charmants garçons de six et sept ans, vifs et intelligents.

Nous nous embarquons enfin, et Mansourah, avec ses six minarets et ses maisons bordées de jalousies, ne tarde pas à disparaître à l'horizon. Une promenade dans un bois de palmier, d'orangers et de figuiers, une visite au tombeau d'un santon abrité par un magnifique sycomore auprès d'El-Chirbine, remplissent cette journée de navigation, au milieu d'une nature riche et fertile. Une seconde fois, nous saluons le lever de la lune du haut de notre barque et nous nous roulons dans nos manteaux.

10 Octobre. — A cinq heures du matin, les cris : Damiette ! nous réveillent. Ils évoquent un souvenir français, mais sans mélange de tristesse comme à Mansourah. Ici également, comme partout, la sollicitude du comte Sala nous a devancés. Un cavas, sorte de garde d'honneur, nous attend sur la rive; il nous apprend qu'un logement nous a été préparé et nous y conduit, précédé de fanaux; espèces de grilles en fer portées sur de longs bâtons et dans lesquelles brûlent des éclats de cèdre; leur usage s'est transmis de génération en génération, car les Egyptiens n'innovent en rien.

Nous visitons les immenses entrepôts de la Compagnie du Canal, puis la mosquée Sanglante, jadis transformée en église par saint

Louis, et rendue après lui à sa primitive des-
tination. Une triple rangée de colonnes de
porphyre, de granit ou de marbre précieux
entoure la cour des ablutions. Une de ces colonnes, objet d'une vénération particulière,
a donné son nom à la mosquée; c'est celle que
la dévotion musulmane fait vœu de lécher
jusqu'à ce que l'empreinte de la langue s'y
marque sanglante. Deux autres colonnes rapprochées l'une de l'autre sont une épreuve de
sainteté : celui que sa taille empêche de passer
entre elles, porte un sceau de réprobation,
tandis que la femme enceinte qui parvient à
franchir le défilé sans endommager son enfant,
assure à celui-ci la protection d'Allah. Les
bazars de Damiette, riches et animés, nous
offrent néanmoins le spectacle dégoûtant d'une
des superstitions arabes les plus honteuses.
Nous y rencontrons un homme échevelé, au
regard hébété, d'une saleté repoussante, d'une
nudité absolue; nous reculons avec effroi. C'est
un saint, nous explique-t-on pour nous rassurer,
un santon, c'est-à-dire un malheureux moitié
exalté, moitié idiot, sur qui dès lors repose

l'esprit d'Allah. A ce titre, il jouit de privilèges tellement illimités qu'ils s'étendent sur tout objet à sa convenance.

Le soir, une fête religieuse nous procure la vue d'une procession à la lueur des fanaux : au bruit d'une musique vraiment infernale, des moines ou derviches hurlent, dansent et s'agitent avec des cris et des contorsions horribles ; leurs traits, illuminés des reflets rouges de la flamme, prennent une expression diabolique, et cette espèce de saturnale a quelque chose d'effrayant.

11 Octobre. — Nous quittons le Nil, pour nous embarquer sur le lac Menzaléh, et donnant un dernier regard à Damiette, nous nous enfonçons sur ce beau lac couvert de pélicans, de flamands roses, d'ibis, d'une foule d'oiseaux, au plumage varié, qui s'enfuient à notre approche, pendant que des myriades de petits poissons, attirés par le soleil, effrayés par les rames, se pressent, se poursuivent, s'élancent hors de l'eau, et quelquefois retombent sur les barques. Le lac Menzaléh, vaste lagune plus

salée que la mer dont elle n'est séparée que
par une étroite digue de sable, a très peu de
profondeur, et cependant, parfois de grosses
tempêtes, ici soulevant les vagues à de grandes
hauteurs, là mettant le fond à découvert, y occa-
sionnent des naufrages, ou du moins en rendent
la navigation périlleuse. Le soir nous arrivons
à Port-Saïd et nous sommes accueillis avec les
attentions empressées qui nous suivent partout.

12 Octobre. (DIMANCHE). — La Messe nous
réunit dans la chapelle provisoire des Franciscains, puis nous allons reconnaître ces lieux
sortis du sable comme par enchantement, entre
le lac Menzaléh et la Méditerranée. Ville de
chalets suisses et de maisonnettes parisiennes,
Port-Saïd, inachevée encore, semble vieille
déjà, tant on a travaillé depuis sa fondation;
mais par elle-même, elle offre peu d'intérêt,
comme toute cité naissante et privée de souvenirs, c'est-à-dire de ce qui donne la vie.
La plage est superbe, nous y restons longtemps
à regarder la mer dont on ne se fatigue jamais;
ces messieurs trouvent qu'ils mettent mieux le

temps à profit en fusillant les bécassines qui arrivent en bandes nombreuses.

13 Octobre. — En quittant Port-Saïd, nous naviguons sur le canal commencé, creusé moitié dans le lac, moitié dans le désert, spectacle triste, mais grand et imposant. Au soleil couchant, par un effet de mirage, l'océan de sable, qui se déroule devant nous, apparaît comme un lac immense, pendant que se dessinent à l'horizon les montagnes de l'Arabie. Nous cherchons gîte au campement de Kantara, le plus aride qui puisse être, le plus désolé, le plus abandonné de Dieu et des hommes.

14 Octobre. — A une heure de Kantara, se trouve le seuil d'El-Guisr, point culminant de l'isthme, et sur lequel, en ce moment, se concentrent tous les efforts. Vingt-cinq mille Arabes, contingent du vice-roi, et renouvelés tous les mois, s'agitent en cet endroit semblables à une fourmilière; ils creusent le canal à 50 mètres de large, sur 10 de profondeur, accumulant les déblais sur la berge pour arrêter les tempêtes de sable soulevées par le simoun. Sur cette tranchée de 63 mètres de haut, bourdonne une ruche humaine, travaillant d'une manière calme et régulière, sans querelles ni contestations, et pourtant l'ordre n'est maintenu que par la courbache de quelques cheiks qui répartissent les tâches et veillent à leur exécution. Près de là sera un lac, futur entrepôt du commerce et point de ralliement entre les deux mondes. Un chalet royal s'y élève et le domine, attristé aujourd'hui par les sables solitaires qui l'environnent, et destiné demain, par une merveilleuse métamorphose, à être encadré de verdure et animé par le mouvement du port de Timsah. Tout d'ailleurs, dans cette entreprise gigantesque, tient du prodige, et l'homme qui l'a conçue, semble doué du don de création. Port-Saïd, premier jalon planté dans le désert, est visible depuis dix-huit mois à peine ; El-Guisr, bâti d'hier, n'est destiné qu'à une existence éphémère, et Timsah, dont l'emplacement se trace aujourd'hui sur le sable, sera habité dans six mois. L'équipage qui nous conduit à cette ville projetée, complète la fantasmagorie : six chameaux, montés chacun d'un jeune chamelier au costume gracieux, sont attachés à un break, tandis qu'un bédouin au profil superbe et sauvage se drape fièrement dans son manteau de poil de chameau, et tournant avec son dromadaire autour de l'attelage, en règle et active la marche.

15 Octobre. — Non loin de Timsah, nous saluons la vieille Egypte pharaonique à la vue d'un bloc de granit couvert d'hiéroglyphes et orné des statues de la Triade révérée du grand Ramsès. Ce monolithe a été récemment déblayé du sable qui le couvrait, et de nombreux fragments de briques et de poteries, gisant çà et là, font croire aux ruines d'une grande ville, celle peut-être de Sésostris, Heroopolis, qui avait donné son nom au golfe de Suez. C'est à ce point de la plaine de Gessen, autrefois si fertile, que la tradition place la rencontre de Joseph et de Jacob; mais rien ne constate la présence de ce souvenir biblique. Nous en sommes bientôt distraits par la vue de Tell-el-

Kébir, qui apparaît dans les dernières teintes du crépuscule. C'est une charmante oasis semée dans le désert ; un joli palais, vendu par le vice-roi à la Compagnie, se perd dans une touffe de fraîche verdure qui repose agréablement le regard après huit jours d'aridité.

16 Octobre. — Les Bédouins de l'Ouady de Koréïne réclament de nous une visite, et certes ils la méritent bien. La caravane se forme ; nous galopons qui à chameau, qui à cheval, qui à âne, dans la direction d'une forêt de vingt mille palmiers, où s'abritent les huttes des six mille Bédouins, soumis au cheik de Koréïne. Nous arrivons rapidement. Les cabanes, de terre battue et durcie au soleil, se cachent sous les palmiers couverts de longs régimes de fruits jaunes et rouges ; quelques hauts champs de dourah, quelques acacias-mimosas tout fleuris grandissent à l'ombre des dattiers, formant ensemble un tableau plein de charme. Le cheik nous attend, et pour nous faire honneur, il tient à nous offrir le pain et le sel. Il nous reçoit sous un vaste hangar circulaire, dont les palmiers font tous les frais : des tronçons de palmier brut supportent un toit de branches du même arbre, les interstices sont garnis de terre pour former un mur extérieur, et la façade intérieure reste ouverte. C'est là que nous nous asseyons sur nos talons, et pour tromper une fort longue attente, le café, le sirop à la rose et les dattes fraîches circulent à la ronde. Le déjeuner paraît : on se serre autour d'un immense plateau posé sur un escabeau et couvert de pilau, de mouton et de galettes de dourah, qui tiennent lieu de pain, d'assiette et de serviette. Chacun porte la main au plat, usant de ses doigts le moins maladroitement qu'il peut; cependant le chef, que la barbe blanche de mon père pénètre de respect, roule entre ses doigts noirs des boulettes artistement combinées et les insinue galamment dans la bouche de l'infortuné convive. Le même verre d'eau passe aussi de lèvres en lèvres, ainsi le veut la fraternité arabe; puis des ablutions, à la ronde toujours, terminent ce repas plein de dégoût, mais de caractère. Pas une femme ne paraît; seuls, quelques enfants circulent autour de nous, mais doucement et sans bruit. Tout est grave chez les Arabes : rarement on voit un enfant jouer, plus rarement un homme sourire.

17 Octobre. — Nous avons navigué toute la nuit sur le canal d'eau douce qui coulera parallèlement à la rigole maritime. Le chemin de fer nous reprend à Zagazig, mais les trains oublient de correspondre, et six mortelles et brûlantes heures d'attente, dans l'insignifiante bourgade de Bena, ajournent au soir notre arrivée au Caire. Les premières nouvelles de France nous y attendaient. Oh ! comme elles terminent agréablement la journée! car ici la nuit arrive presque sans crépuscule, et la lune est loin de prêter toujours sa clarté aux rues obscures de la grande ville. La promenade, une lanterne vénitienne à la main par ordre de la police, est médiocrement récréative; le soleil couché, il n'y a plus rien à voir ni à faire, et sans le souvenir des absents, les soirées parfois seraient longues et tristes.

LE CAIRE ET SES HABITANTS

Le Caire, Masra selon les Arabes, présente l'assemblage des costumes les plus variés et les plus curieux, sinon les plus jolis; beaucoup viennent s'étaler sur l'Esbékyeh, grande place plantée de beaux arbres qui forme le centre du quartier où les Européens sont tolérés. Les cafés en plein vent, les chanteurs, les jongleurs s'y donnent rendez-vous; les voitures et les ânes y stationnent, les élégants y paradent, mais là vraiment n'est pas le Caire. C'est dans le bazar qu'il faut le chercher, c'est là qu'on retrouve la ville orientale avec tout son cachet. L'Egypte, tirant sa principale richesse de son sol, fabrique peu; elle échange. Le commerce de Damas et de Constantinople alimente ses bazars, sauf pour les objets d'un usage journalier. Les marchands s'y groupent selon leur spécialité dans un espace déterminé. Les rues du bazar sont étroites en général, et les étages avançant les uns sur les autres, les maisons paraissent se rejoindre à leur faîte ; en outre, des nattes jetées d'une terrasse à l'autre, en tamisant le jour, interceptent le soleil, pendant que l'air est rafraîchi par des arrosages perpétuels qui se font à dos d'homme. Des outres immenses en peau de bouc non préparée se rattachent par les jambes de l'animal sur la poitrine des arroseurs, et la tête coupée leur présente une ouverture par laquelle, à l'aide d'un peu de compression, ils lancent l'eau fort adroitement à droite et à gauche. Souvent aussi la piété d'un croyant a placé sur quelque carrefour une belle fontaine, vrai bijou en marbre blanc. rehaussée de cuivre sculpté, dont l'eau limpide s'offre d'elle-même à la soif toujours dévorante sous ce climat.

En dehors du Mouski, laissé au commerce européen, il n'y a pas de boutique, du moins dans le sens que nous attachons à ce mot. La vente se fait en pleine rue, les marchandises sont étalées dans des espèces d'armoires très vastes, à l'entrée desquelles les marchands se tiennent acroupis, sans paraître se soucier de vendre. Ils attendent ainsi l'amateur, le laissant regarder, demander, fureter sans même se déranger. La crainte de se fatiguer, va, chez eux, jusqu'à l'hésitation d'entrer en pourparlers; d'ailleurs, ils surfont d'une manière inouïe, et les marchés ne se concluent qu'à grand renfort de cris, de gestes, parfois de coups.

La courbache, cravache en nerf de rhinocéros, joue un rôle très actif en Egypte. Les séis ou coureurs qui précèdent les voitures donnant aux équipages une allure fort aristocratique, se font faire place le bâton à la main; le bâton seul écarte le fellah qui vous coudoie, le mendiant qui vous obsède de son cri répété : *bachich*, car ce mot est le refrain de toute bouche arabe. Enfin, la courbache imprime le respect et protège, elle est ici le premier et le dernier argument. Il est d'ailleurs à remarquer que les Egyptiens en reçoivent les atteintes avec une apathie, une sorte d'indifférence physique et morale qui confond nos idées européennes.

Les fellahs, ou peuple de la Basse-Egypte,

sont de couleur brune, et leur physionomie n'a pas le beau et mâle caractère des types bédouin et nubien. Tous marchent pieds nus, vêtus d'une longue tunique bleue, rattachée à la ceinture, et parfois d'un manteau rayé en poil de chameau; ils nomment ce vêtement national *abbaïje*.

Tous portent le grand fez à gland bleu, et beaucoup y ajoutent un turban artistement roulé : les Orientaux ont l'instinct des draperies et des poses gracieuses. Les Arabes riches et les Grecs, on reconnaît ceux-ci à leurs grands yeux noirs, doux et sympathiques, portent le fez plus petit et avec le flot noir; ils ont des costumes élégants, brodés, de couleur claire, soit le gilet, la petite veste et le pantalon bouffant, soit la longue robe de soie rayée et la ceinture de riche étoffe. Les souliers ou babouches sont de maroquin rouge ou jaune et se terminent en pointes.

Les femmes du peuple portent aussi le sarrau de coton bleu, qui leur sert à la fois de robe et de chemise; elles y ajoutent presque toujours un large pantalon semblable. Un

voile de même étoffe flotte sur leur tête, et leur
costume, sauf pour les marchandes de la dernière classe, est complété par une bande d'étoffe
noire, rattachée au voile par un tube de cuivre
qui s'appuie sur le nez ; leur figure est ainsi
cachée, à l'exception des yeux ; bref, elles sont
affreuses, mais elles semblent plus laides encore lorsqu'elles montrent des traits tatoués,
teints de henné et vieillots presqu'au sortir de
l'enfance. Le principe de coquetterie qui,
je pense, leur inspire le soin de se voiler, devrait aussi leur faire changer la coupe de leurs
robes étrangement ouvertes en avant. Les
femmes des harems sont belles, dit-on, trop
fortes seulement, ce qui est une beauté de plus
aux yeux des Orientaux. Je n'ai pas pénétré
dans leurs demeures. Dans la rue, elles s'enveloppent de longs voiles noirs ou blancs, et l'ampleur exagérée de leurs costumes leur donne
une démarche traînante, extrêmement disgracieuse. Rarement on les rencontre à pied ;
elles se huchent de préférence sur des ânes,
vites et doux, sur lesquels elles ressemblent à
d'informes paquets. Des enfants d'une dou-

zaine d'années les suivent en courant ; ils acquièrent ainsi une allure rapide et soutenue jusqu'à faire dix lieues sans la quitter.

Les petits enfants sont, d'ordinaire, complètement nus ; en général, ils sont laids, et leur membres grèles font d'autant mieux ressortir leurs ventres balonnés ; on y joint à dessein une malpropreté révoltante : propres et jolis, ils attireraient sur eux l'attention et peut-être quelque maléfice. Aussi le moindre compliment qu'on leur adresse fait-il trembler les mères.

Les femmes, en tant qu'épouses, sont, au pied de la lettre, la propriété de leurs maris qui ont sur elles droit de vie et de mort. Le Coran concède quatre femmes légitimes à ses adeptes, le nombre des esclaves n'est point limité, d'où il suit que les harems riches en sont remplis, au lieu que les pauvres renferment rarement plus d'une femme qui est une sorte de bête de somme. Tandis que le mari chevauche paisiblement sur son âne, elle le suit à pied, chargée de lourds fardeaux, traînant ses enfants par la main et souvent portant le plus jeune pittoresquement placé sur l'épaule gauche. Ce sont les femmes qui broient le grain, qui préparent les argoles, combustible fait de fiente de chameaux, qui portent l'eau pour leur ménage, et qui entretiennent les canaux d'irrigations. Ces canaux sont alimentés par l'eau du Nil qu'y déversent les *sakiés*, système primitif de roues et de poteries retenues par des cordes en fil de palmier; des buffles les font tourner, et des enfants, assis sur le moteur, aiguillonnent l'attelage et subissent pendant des journées entières ce mouvement de rotation.

Le vendredi est le jour consacré par la religion musulmane. Ce jour-là on voit circuler, dans les bazars, tantôt des cortèges de circoncision, escortant le jeune patient revêtu de ses plus beaux atours, et maintenu en équilibre sur un cheval blanc; tantôt des processions d'épousailles, où la pauvre mariée figure complètement voilée de rouge; des femmes la précèdent en poussant des gloussements singuliers et la marche est fermée par des tambourins, des fifres et des danseurs qui, armés de longs bâtons, exécutent des pas et des gestes aussi vifs que bizarres. Le vendredi est aussi le jour des charmeurs de serpents, qui se promènent enlacés dans les anneaux de ces horribles bêtes. Enfin, les derviches le choisissent, pour se livrer à leurs exercices. Ce spectacle excite notre curiosité. Le chef des derviches tourneurs, après nous avoir reçus silencieusement, ce qui signifie avec honneur, nous introduit, dans une salle circulaire, où déjà sont réunis une douzaine de moines, la plupart jeunes et l'un d'une figure charmante. A un signal du chef, un derviche, caché dans une tribune, entonne sur un ton grave et s'élevant insensiblement une sorte de cantilène lente et d'une harmonie triste qui fait songer aux lamentations de Jérémie; bientôt, s'y mêlent les accords aigres et criards d'une flûte de bambou et de deux tambourins. Alors, les derviches dépouillent leurs manteaux, saluent profondément le chef en croisant devant lui les pieds et les mains, puis commencent leur tournoiement d'un mouvement vif et cadencé ; leurs longues robes en augmentent l'effet en flottant autour d'eux. Ils étendent les bras, renversent la tête comme en proie à l'extase, tournent, tournent encore longtemps et gracieusement jusqu'au moment où un cri fauve termine la cérémonie.

Les derviches hurleurs, au contraire, se balancent d'avant en arrière, en poussant des grognements rauques et affreux. La mesure de leur musique discordante se précipite de plus en plus et accélère leurs mouvements ; les clameurs sauvages redoublent, leurs longs cheveux tombent en désordre. Plusieurs, arrivés au paroxysme de l'exaltation, se roulent à terre, en proie à des attaques d'épilepsie... et ce spectacle est un des plus saisissants et des plus horribles que l'on puisse imaginer.

LE CAIRE ET SES MONUMENTS

Il est temps de visiter les beautés du Caire. La citadelle qui le domine réclame une
ascension matinale : c'est au soleil levant surtout qu'est splendide le vaste panorama qui
s'étend à ses pieds. Au premier plan, la ville
avec ses quatre cents minarets, ses toits en
terrasse, sa ceinture de palmiers et de jardins ; un peu plus loin, le Nil se déroule en
majestueuses ondulations ; à gauche, les palais
du vice-roi et des princes, les bosquets de
Choubra, et entre deux plis de montagne les
légers minarets des tombeaux des Califes ; à
droite, l'immense aqueduc qui amène l'eau du
Nil à la citadelle, le vieux Caire ou Fostât
assis sur le fleuve ; enfin, pour dernier horizon,
le désert sans limites, irisé à cette heure par

les chaudes teintes des premiers rayons du soleil, et au milieu de la lumière la grande silhouette des Pyramides qui se profilent en ombre.

Tel est le magnifique spectacle que l'on trouve au sommet de la terrasse des mamelouks, de sanglante mémoire. A cette distance, les ruines s'effacent; les minarets seuls, riches et coquets, se détachent sur la masse, et l'effet général gagne; car, vue de près, la ville, dans son état de délabrement, laisse une impression de tristesse.

Les ruines se montrent partout en Orient, elles en paraissent un des traits les plus caractéristiques; peut-être aussi trahissent-elles la décadence morale de ce peuple. On bâtit, on ne répare rien; tel palais, qui date d'un siècle à peine, est vieux déjà. Par un contraste singulier, le temps, qui donne ici aux vieux monuments une empreinte indélébile, frappe incessamment de sa main destructive les œuvres modernes. Les mosquées surtout sont là pour l'attester, celle de Méhémet-Ali, par exemple. Bâtie dans la citadelle la plus riche du Caire, elle est entourée de ruines;

elle-même n'a pas été achevée. Les décorations intérieures, de mauvais goût, y sont d'une richesse incomparable de marbres et de dorures; mais l'extérieur, qui devrait être complètement revêtu d'albâtre oriental, n'a pas été fini, et une partie des dalles gisent oubliées dans le sable. La mort a surpris Méhémet-Ali au milieu de son œuvre, et Abbas-Pacha n'a eu garde de l'achever. C'est de droit en Egypte : un vice-roi n'a qu'une pensée, effacer le souvenir de ses devanciers et consacrer la mémoire de son passage par des monuments, dussent-ils disparaître, à leur tour, sous ses successeurs.

Auprès de cette mosquée se trouve le palais du vice-roi, vaste caserne sans architecture, et dont les ornements intérieurs offrent un spécimen de cette richesse de mauvais aloi et de clinquant que déploient les Orientaux dans leur triste contrefaçon du luxe européen. Une nation doit rester elle-même dans ses œuvres; à ce titre, les bains maures, en marbre blanc, dans lesquels le jour tombe de la voûte à travers des verres peints, conservent seuls dans ce palais une couleur locale, mystérieuse et charmante.

L'enceinte de la citadelle renferme aussi le puits de Joseph ; il a été creusé par Saladin, en dépit de la croyance populaire qui en rend honneur au patriarche. C'est un ouvrage fort curieux, de quatre-vingt-quinze mètres de profondeur, et dont la pente est taillée si douce que des bœufs y peuvent descendre pour faire tourner la roue qui puise l'eau dans l'aqueduc.

Toutes les mosquées se ressemblent intérieurement, toutes sont construites sur le même plan, toutes ont une cour d'ablutions et un riche *mirab* ou chaire à prêcher. Au dedans, elles sont revêtues de marbres et de sculptures ; au dehors elles sont peintes en bandes rouges et blanches. Les minarets seuls varient et rivalisent entre eux de légèreté, de hauteur et de richesse dans leurs décorations.

Parmi les mosquées, la plus belle et la mieux conservée est celle du sultan Hassan, bâtie sur la place Roméilch, au pied de la citadelle. La plus ancienne est celle des mille colonnes ou d'Amrou; elle n'a pu échapper à la loi générale de destruction, cependant ses quatre murailles subsistent toujours, et sur un côté se profile, dans une longueur de quatre-vingts mètres, une sextuple rangée de colonnes de marbre à chapiteaux sculptés. La mosquée de Touloun, servant aujourd'hui de refuge aux mendiants, proclame aussi sa beauté malgré ses ruines; immense carré à ciel ouvert, ses murs sont terminés par une galerie de pierres bizarrement sculptées. Le centre de l'enceinte est occupé par une grosse tour surmontée d'un dôme; de trois côtés un double rang de colonnes s'alignent comme dans un vaste cloître, et le quatrième, qui est véritablement le lieu de la prière, est formé de quatre nefs éclairées par d'étroites fenêtres ogivales aux fines sculptures.

Une mosquée est consacrée à la sépulture de la famille de Méhémet-Ali; mais, hormis la tombe d'Ibrahim-Pacha, ces monuments bariolés n'ont pas l'expression sévère que demande la pensée de la mort. Les tombeaux des Mamelouks, situés à l'entrée du désert, au pied du

Mokatam, inspirent bien plus d'intérêt ; cette vaste nécropole recèle des détails de sculpture d'une richesse et d'un fini extrêmes. Dans le désert aussi, mais du côté opposé du Caire, se dessinent sur le ciel bleu les coupoles et les minarets sveltes et gracieux du tombeau des Califes. Mais, hélas! les mosquées qui renferment ces tombes s'en vont en ruines avec leurs mosaïques et leurs marbres si richement sculptés. S'il ne faut pas les regarder de trop près, vues à distance elles se groupent d'une manière heureuse.

Le quartier cophte, où quelques femmes, belles et curieuses entr'ouvrent les rideaux de leurs moucharabis pour nous regarder et pour se faire regarder, possède un sanctuaire dédié à saint Georges et vénéré des musulmans eux-mêmes. Sous la chapelle se cache une grotte, refuge momentané de la Vierge sainte et de son divin Enfant, affirme la tradition. Ce quartier est renfermé dans une enceinte de hautes murailles d'origine romaine ; il est situé près du vieux Caire, une seule porte flanquée de tours y donne accès. Un bras du Nil le sépare de l'île de Roudah, où se trouvent les jardins et le palais d'Ibrahim-Pacha, jeune prince de huit ans, maladif et timide; dans ces jardins est renfermé le nilomètre servant à marquer chaque année la crue des eaux; le palais est jeté pittoresquement sur le fleuve qui l'entoure de trois côtés. Un orage, véritable phénomène dans cette région, nous y procure un spectacle superbe. Le ciel s'empourpre, la terre revêt des teintes rouges d'une chaleur indescriptible, le Nil les reflète, les yeux sont émerveillés. C'est alors qu'on sent combien, en Orient, la vie est dans les couleurs, et qu'on est tenté de briser des crayons inhabiles à reproduire ce ciel ardent et privilégié.

En revenant au Caire par les jardins d'Ibrahim-Pacha, que côtoie le Nil, on admire un de ses plus jolis palais, un peu surchargé, peut-être, de peintures et d'ornements. La caserne des soldats de la garde y est contiguë. Rien de coquet et d'élégant comme le costume de ces soldats. Ils portent la jupe blanche des Albanais; une large ceinture, aux couleurs éclatantes, en retient les plis amples et gracieux;

leur veste est brodée, brodées aussi leurs
guêtres en cuir jaune; presque tous ces hommes ont de beaux types et relèvent.fièrement
leurs moustaches noires. Ces casernes sont
près du fort de Boulak, avec une belle vue
sur le Nil, animé en cet endroit par les évo-
lutions continues des dahabiées, plus vulgaire-
ment appelées canges.

Plus loin, en suivant encore le Nil, on trouve
Choubra, à l'extrémité d'une avenue de sycomores et d'acacias. Ces jardins magiques,
créés par Méhémet-Ali, bien dessinés, soigneusement entretenus, sont un immense massif
de fleurs, dont l'air est au loin embaumé. Au
sein d'un bouquet de citronniers et de lauriers-
roses, se voile discrètement un pavillon sorti
sans doute par enchantement de la baguette de
quelque Aladin moderne. Un vaste bassin de
marbre blanc, avec un îlot de même matière,
en occupe le centre; tout autour, règne une
galerie, soutenue par des colonnes aussi de
marbre blanc, et les quatre angles sont formés
par des salons d'une richesse inouïe. Créée pour
les houris de quelque harem, qui viennent s'y

ébattre le soir, cette féerie des mille et une nuits surprend, charme, mais échappe à la description.

L'habitude a consacré l'usage d'une excursion dans le désert qui avoisine le Caire; la forêt pétrifiée en est le but. L'imagination travaille, excitée par un nom aussi pompeux, et l'illusion tombe à plat devant un sol jonché de bois devenu pierre. Ce phénomène inexpliqué est bizarre, mais on avait rêvé mieux ou plus. Je préfère la course aux ruines d'Héliopolis, maintenant appelée Matariéh; un obélisque de granit rose s'y dresse seul, à moitié enfoui dans le sable; mais la promenade par une route ombragée et variée est des plus jolies. Quelques étangs, suite de l'inondation actuelle, la coupent en ce moment et alimentent la gaieté par les incidents des gués à franchir. Chemin faisant, nous payons un tribut de pieuse admiration à un sycomore de sept mètres quatre-vingts centimètres de tour; la tradition place sous son ombre un des repos de la sainte Famille dans la fuite en Egypte.

Il n'y a plus de distances avec les chemins

de fer, et grâce à la vapeur, nous allons saluer la mer Rouge. Le désert qui nous en sépare est rapidement traversé, mais Suez en lui-même n'offre que peu d'intérèt, malgré la beauté de sa plage. De hautes montagnes de granit et de sable rouge comme du corail se découpent hardiment sur l'horizon; elles dominent le rivage, et les derniers rayons du soleil unissent le ciel et la mer dans des teintes rosées d'une harmonie parfaite.

Tandis que nous apprenons à aimer le Caire, le départ s'apprête; il faut aller, aller encore, mais nous reviendrons. Les préparatifs sont faits, les canges louées. L'*Anna-Marie* et le *Basset*, que nous devons habiter, sont longues et étroites; une quinzaine de matelots, gouvernés par un reis ou capitaine, en composent l'équipage. Pavoisées de nos drapeaux, elles ont tout à fait bon air. La distribution intérieure de ces maisons flottantes est commode; un grand salon commun, et à chacun une cabine un peu exiguë, mais suffisante. La forme des barques est svelte et gracieuse, mais cet avantage se paie d'un danger; les voiles hors de toute proportion, amèneraient de fréquents naufrages si on leur laissait toujours prendre le vent; aussi ne les déploie-t-on qu'à la montée, lorsqu'un peu d'air permet de lutter contre le courant, et dispense l'équipage patient, actif, frugal et joyeux toujours, de la pénible obligation du halage. A la descente, on démonte la grand'vergue et on se laisse en quelque sorte aller à la dérive, opposant souvent le travers au courant, quelquefois même le gouvernail en avant. Nous allons expérimenter ce mode de navigation. A la garde de Dieu !

2 Novembre. — Nous nous embarquons par une belle soirée que la lune illumine de nouveau, et le vent favorise notre navigation. Le fleuve est immense, calme, majestueux. Ses rives présentent l'image de la vie étroitement unie à la mort ; en effet, elles offrent sans cesse le contraste de la végétation la plus riche et la plus luxuriante dans une zone de quelques centaines de mètres à peine, et du désert qui reparaît au-delà et s'étend à perte de vue. Des bouquets de palmiers abritent de gros villages très peuplés, de petits bois de mimosas aux fleurs odorantes ombragent la rive animée par d'innombrables machines qui montent l'eau dans les canaux d'irrigation. Ce sont, aux environs du Caire, des *sakiés* ou roues à chapelet, déjà décrites, et, en se rapprochant de la Nubie, des *chadoufs* ou bascules à contre-poids; des hommes presque noirs et à peu près nus les font mouvoir avec agilité, pendant que des enfants courent sur le sable en gardant des troupeaux de buffles.

La chaîne arabique dresse sa silhouette imposante à l'horizon. Parfois un anneau du Nil le rapproche des montagnes, alors la plage devient une falaise élevée aux formes abruptes; des grottes sont creusées dans le rocher, quelques villages se dessinent à leur sommet. Un couvent cophte apparaît, celui de Deïr-el-Adra, dont les moines, aussitôt qu'ils aperçoivent une barque, se laissent glisser par une corde jusqu'au Nil, le traversent à la nage et viennent, vêtus de leur humilité et de leur titre de chrétiens, réclamer l'assistance des touristes ébahis.

Les soirées sont idéales, les chants des matelots contribuent à les égayer; les nuits sont belles, les journées s'écoulent douces et rapides. J'admire le paysage varié, tout en me laissant aller à ce *farniente* auquel invitent le climat brûlant, le ciel diaphane et cet air

si pur où il semble qu'on se sente vivre avec
plus de délices.

7 Novembre. — Nous arrivons à Syout à la
fin du jour. Le Nil encore débordé envahit la
campagne, jusqu'aux portes de la ville; nous
marchons sur une belle chaussée ombragée.
Les reflets ardents du soleil couchant, suivi de
vapeurs transparentes, puis les nuances irisées
de la lune enveloppent tour à tour ce paysage
au charme duquel rien ne fait défaut. Des lacs
qui vont disparaître et semblent nous avoir
attendus, des bouquets de palmiers, de mimosas et de sycomores, les minarets gracieux
de cette ville coquette et blanche, tout cela
noyé dans des teintes lumineuses, quoique indécises, forment un de ces tableaux féeriques
particuliers au ciel de l'Orient!

13 Novembre. — Nous faisons une première
visite à Kénéh que nous abordons en canot.
Les almées, exilées du Caire, reléguées dans la
Haute-Egypte, s'y montrent à nous pour la
première fois. Mais qu'elles sont loin de l'idéal

préconçu, en dépit de leurs costumes voyants, pailletés d'or, brodés de sequins, de leurs bijoux entremêlés de verroteries, et même des tatouages de henné dont elles décorent leur figure, leurs bras et leur poitrine.

Le Nil continue à creuser son lit dans la vallée qui sépare les deux chaînes arabique et lybique. La chaleur augmente, elle atteint graduellement trente-six degrés centigrades. Aussi, bien que déjà quelques crocrodiles soient venus nous dire de prendre garde, et que les eaux du Nil, jaunes et bourbeuses, éveillent peu d'attraits, nous nous y plongeons avec délices, appuyés en nageant, moi du moins, sur l'épaule d'un beau Nubien, très fier de mon choix et de l'heureux contraste de nos nuances ainsi rapprochées. A partir de ce jour, Hamet Abougama devint le compagnon fidèle de mes pas, les soutenant, les protégeant, les défendant même au besoin. Rien n'est amusant, je voudrais oser dire touchant, comme sa sollicitude et son dévouement, accompagnés de son bon et franc sourire, et de l'expression de son œil gauche, pendant qu'il ferme le droit pour concentrer sans doute dans l'autre toute l'éloquence de son regard.

17 Novembre. —Après un brusque détour du fleuve, les ruines de Karnak dessinent subitement leurs masses imposantes sur la rive droite du Nil. Nous sommes à Thèbes! Mais nous ne nous arrêtons pas. Thèbes ne sera visitée qu'au retour.

18 Novembre. — Nous suspendons notre course un instant, à Esneh, car l'équipage manque de pain, et tandis qu'il se ravitaille, nous visitons le temple récemment déblayé et bien conservé qui y dresse sa quadruple rangée de colonnes monolithes, chargées d'hiéroglyphes et surmontées de chapiteaux richement sculptés. C'est le premier monument géant que nous voyons. La ville, d'ailleurs, est pauvre et misérable, et ses almées ne l'embellissent pas.

A la porte d'Esneh, s'étendent de jolis jardins plantés de jasmins, d'orangers et de palmiers, mais négligés depuis la mort de Mustapha-Pacha. A l'entrée, se tient, replié sur lui-même, un santon vénéré, nu, sale, bronzé, ayant à peine l'apparence humaine, et offrant l'image repoussante de la plus complète décrépitude. Les musulmans le vont baiser avec le plus grand respect. Nous allons, à une lieue de là, reconnaître les ruines d'un couvent cophte, dont les cellules voûtées renferment les tombes des martyrs de la persécution de Dioclétien. Le chemin, tracé dans des champs de pastèques et dans des bois de mimosas, se laisse suivre avec plaisir; il emprunte, en outre, beaucoup de piquant au passage d'un bras de rivière qu'il faut traverser sur un radeau d'une simplicité toute primitive; nous en bravons gaîment les chances périlleuses, tandis que nos ânes opposent une résistance héroïque au bain qu'on leur inflige.

A partir d'Esneh, les rives se resserrent, la végétation est plus rare, et de beaux vestiges des temps pharaoniques se révèlent souvent au milieu de bois de palmiers touffus, dans lesquels les doums se mêlent aux dattiers.

22 Novembre. — L'arrivée à Assouan est

grandiose. Son port est encadré entre les débris d'un nilomètre et d'immenses rochers ; de beaux palmiers abritent ses maisons, coquettement nichées dans les anfractuosités du roc. Des tronçons de colonnes en granit rose gisent à terre sous les arbres ; ici encore il faudrait répéter les splendeurs d'un coucher de soleil.

Comment s'en distraire, pour parler des almées surtout, plus hardies là qu'ailleurs et plus horriblement sales aussi ? Leurs robes brodées de pièces d'or s'ouvrent sur la poitrine ; elles portent des colliers riches, mais sans goût ; leurs jambes comme leurs bras sont ornés d'anneaux qu'elles font sonner en marchant ; leurs cheveux, nattés avec des lanières de cuir bariolées de pièces de monnaie, s'échappent de leur fez garnis de sequins et de plaques d'or. Ainsi accoutrées, elles nous donnent un bal à bord ; leurs ornements les gênent, elles ne tardent pas à s'en débarrasser et même un peu trop ; puis elles dansent, et quelles danses ! un frétillement accéléré et incroyable des hanches accompagné de contorsions et de grimaces. Elles ont eu leurs avocats, cependant, parmi les touristes ! A beau mentir qui vient de loin, à moins qu'elles n'aient terriblement dégénéré de leur ancien renom.

Assouan est situé précisément sous le tropique, ce qui nous vaut sans doute une température portée à plus de 50 degrés. Auprès de cette ville, connue jadis sous le nom de Syène, se trouvent les célèbres carrières qui ont fourni la plupart des obélisques ; l'un d'eux y gît encore, abandonné et inachevé. Cette plaine est semée aussi de débris de boulets de granit vert, restés là près de nombreuses tombes pour attester la victoire de Davoust sur les Mameluks en 1799.

En face d'Assouan est l'île d'Eléphantine, qui n'offre plus à la curiosité que quelques informes débris des monuments de sa splendeur passée. En revanche, l'horizon s'y déroule magnifique sur la première cataracte dont il laisse mesurer les difficultés.

23 Novembre. — D'innombrables masses de granit surgissent dans le Nil ; polies et battues par les flots, elles semblent du plus beau marbre

noir, et sèment son lit de courants, de gouffres
et de tourbillons. Quelques mimosas, comme
une lueur d'espérance dans la tempête, cram-
ponnent leurs racines dans les crevasses du
roc; autour d'eux, le fleuve s'étend sur un espace immense, se tord, écume et se brise contre
les écueils. Il n'y a pas de chute réelle pourtant,
car la différence de niveau n'est que de neuf
mètres sur une longueur d'environ cinq kilo-
mètres; mais le nom de cataracte a été attribué
à une série de rapides dangereux. Les franchir
puise un intérêt de plus dans le mystérieux
attrait du péril. Dès la première heure, en effet,
les amarres de l'*Anna-Marie* se rompent, le
courant l'entraîne d'une course folle sur son
émule; un choc paraît imminent, et le résul-
tat certain sera la perte des deux canges.
La vie reste comme suspendue dans l'attente
pendant quelques secondes, mais les hardis
pilotes, d'un coup de barre adroit, se jettent
sur les écueils, et si les quilles des barques
sont défoncées, nous sommes sauvés. On gagne
la côte à grand'peine, pendant qu'on répare les
avaries, nous nous amusons des ébats aqua-

tiques de jeunes Nubiens venus d'un village voisin, Malakas, je crois. Ils se lancent à l'eau, couchés, ou assis sur des troncs de palmiers, s'aidant de leurs mains en guise d'avirons, et descendent ainsi les courants les plus rapides. Un Anglais a voulu en tenter la fortune avec eux, huit jours après on retrouvait son corps sur le rivage.

29 Novembre. — Après cinq jours d'efforts continus, de chances diverses et d'émotions variées, cette dangereuse barre de récifs de douze cents mètres de long est enfin franchie. Plusieurs centaines de Nubiens ont été mis en réquisition, s'attelant aux canges, se ruant sur elles en hurlant, tombant, se relevant, soulevant les barques, les entraînant, et formant, dans cette lutte énergique, un des spectacles les plus curieux et les plus pittoresques qu'une imagination fantaisiste puisse rêver. Tous ces hommes sont d'un brun touchant au noir ; ils n'y joignent pas le type nègre, au contraire ils sont généralement beaux.

Les femmes, petites, sveltes, à la tournure

agile, ont des pieds et des mains d'une finesse et d'une beauté remarquables; il en est beaucoup de très jolies, quoiqu'elles fassent grossir leurs traits par un tatouage compliqué. Leurs coiffures sont une agglomération de petites nattes multipliées à l'infini; des ornements sans nombre surchargent leurs bras et leur cou, leur nez comme leurs oreilles sont ornés de pendants et d'anneaux. Par malheur, toute cette population exhale horriblement l'odeur du beurre rance qui lui sert de cosmétique et de parfum. Les enfants, minces, lestes, vifs, au beau regard intelligent, nous entourent sans défiance et nous examinent avec un naïf étonnement; leur costume ne les embarrasse pas plus moralement que physiquement.

En face de cette oasis, les Franciscains ont fondé un collège sans parvenir à civiliser ni convertir ces enfants de la nature.

En Nubie, les hommes sont toujours armés; tous portent au moins un poignard suspendu au bras gauche, beaucoup y joignent la lance et le bouclier en peau de rhinocéros ou de crocodile. Là aussi, nous retrouvons l'usage de la fronde employée, sinon comme arme de combat, du moins à la protection de l'agriculture. Le dourah, cette céréale dont la végétation fabuleuse fait songer à ces blés de géants dans lesquels se perdait Gulliver, le dourah touche à sa maturité, et des enfants, perchés sur des tours en terre dure, lancent de la boue avec des frondes aux nuées d'oiseaux qui s'abattent sur les champs.

Après Philœ, les rives se rapprochent de nouveau, et le Nil coule entre de hautes montagnes de granit. Une étroite zone de verdure se dessine au pied des rochers, quelques bouquets de palmiers y naissent et balancent leurs cimes au-dessus des hameaux. Ces villages n'ont pas l'air misérable de ceux de la Basse-Egypte. Gracieusement arrondies et suspendues aux rochers les maisons semblent des nids d'hirondelles et ne manquent pas d'une sorte de coquetterie.

De Philœ à Wadi-Halfah, le Nil serpente entre deux chaînes granitiques arides et désolées, auxquelles les couchers du soleil et le clair de lune prêtent des couleurs et des formes fantastiques. Çà et là on découvre un temple ou un bois de ces palmiers qui en Nubie, cessent d'être des tiges élancées et solitaires, pour devenir des touffes immenses comme hauteur et étendue. Cette seconde région, traversée par le fleuve, a un caractère et des beautés très différentes de la première; mais elles se com_ plètent mutuellement, et l'on hésite à se prononcer entre elles.

7 Décembre. — La deuxième cataracte, à trois lieues au-delà de Wadi-Halfah, n'est, comme la précédente, qu'une imposante succession de tourbillons entre des écueils de granit noir; elle se prolonge sur une longueur beaucoup plus considérable, et une différence de niveau de trente mètres en rend les courants plus rapides et les gouffres plus dangereux. De formidables rochers noirs, semblables à des laves volcaniques, transforment les bords du fleuve en falaises élevées; de leur sommet, le regard se perd sur le sable empourpré du désert ou plane sur cette immense nappe hérissée de brisants. Cette nature déserte, morne, désolée, a une grandeur sauvage qui fait songer à quelque cataclysme, le déluge ou le jugement dernier ; pas un arbre, pas un son que celui du bouillonnement de l'eau, pas un être vivant, si ce n'est peut-être un crocodile endormi sur le sable.... la malédiction de Dieu semble peser sur ce coin du monde, et l'on y goûte la sublime beauté du sinistre et du terrible.

Le terme est atteint, nous songeons au retour. A la montée nous avons dû courir droit au but : ainsi le veut l'usage expliqué en cette circonstance par la nécessité de profiter du vent et de la saison pour lutter contre le courant ; mais à la descente nous sommes libres, notre temps nous appartient et nous nous sommes promis d'explorer les rives, d'interroger chaque pierre, chaque monument, de parcourir champs et bois.

8 Décembre. — Dès le premier jour une trombe nous assaille et nous retient au rivage ; le soleil se cache derrière d'épais nuages, le Nil se soulève furieux, la tempête se déchaîne et entraîne des tourbillons de sable ; la température se refroidit subitement et varie de près de vingt degrés en quelques heures.

Les deux temples d'Ibsamboul ou Abou-Simbel sont les premiers que nous rencontrons. Leur distribution est celle de tous les sanctuaires pharaoniques : une vaste pièce soutenue de pilastres ou de colonnes, puis une plus petite nommée *naos* renfermant les images de la Triade égyptienne : Knef, Pta et Fri ; ces deux pièces sont souvent séparées par une troisième appelée *pronaos* ou vestibule, donnant accès à une série de petites cellules. Tel est le plan général et rarement modifié de ces édifices. En Egypte les temples s'épanouissent au soleil, quoi qu'aucune fenêtre ne lui donne accès intérieurement ; ils sont plus surprenants peut-être, comme travail et difficulté vaincue que les temples nubiens ; mais ces derniers, creusés dans le roc, me semblent d'un effet plus saisissant et de plus de grandeur. Revenons à Ibsamboul. Le petit temple avec sa façade décorée de six statues de onze mètres de haut, domine à pic le Nil ; le grand temple, à demi enfoui dans le sable que le simoun y souffle sans relâche, est un peu plus loin, protégé par six sphinx accroupis qui mesurent plus de vingt mètres. Au dedans et au dehors, ces temples sont entièrement couverts d'hiéroglyphes, comme au reste, tous ces sanctuaires. Vus au jour mystérieux qu'y répandent les torches, ils ont quelque chose de très solennel, et les reflets rougeâtres dans lesquels s'agitent nos noirs compagnons y ajoutent je ne sais quelle teinte infernale qui ne leur messied pas.

Derr, dont le temple, assez dégradé, nous est occasion d'une agréable promenade matinale à

travers un bois de palmiers; Amada presque
enfouie; Séboua, précédé d'une allée de sphinx
et de colosses qui disparaissent dans le sable;
Dakkéh, avec ses pylônes et son mur d'enceinte ruiné; Gherf-Hossein, qui rappelle
Ibsamboul en miniature et en diffère par une
avenue de pilastres flanqués de colosses; Din-
dour assez bien conservé, mais plus simple
d'ornementation; Kalabchéh, ou plutôt l'a-
moncellement des ruines qui gisent sur le lieu
qu'il ornait naguère; Debot, enfin, et ses
trois pylônes, à l'ombre desquels s'abritent de
chétives masures, se partagent tour à tour
notre admiration excitée par un grandiose qui
défie la plume. Plusieurs de ces temples, cependant, sont à demi écroulés. On a beaucoup
accusé de leur ruine les siècles et un tremblement de terre; mais, il faut reconnaître que
le temps, en Egypte, est moins destructeur
qu'on ne le dit, et que trop souvent la main
de l'indifférent ou le vandalisme impitoyable
des savants vient en aide à sa faux tradi-
tionnelle.

Les jeunes garçons sont vêtus de leur couleur

bronzée, les petites filles y ajoutent un collier et une ceinture en lanière de cuir ornés de coquillages; elles n'y substituent le sarrau qu'à partir du jour où elles se marient, ce qui, pour beaucoup, signifie huit ou neuf ans. Rien ne paraît plus singulier, que de voir ces enfants, déjà mères, porter leur premier-né à cheval sur la hanche gauche, tandis que de la main droite elles soutiennent sur leur tête une urne en terre, de forme antique, ou un de ces paniers en bois de palmier tressé dont elles ont le secret.

L'Egypte, je le répète, est le pays des contrastes : celui qu'offre, au sortir des rochers arides de la cataracte, l'aspect gracieux de l'île de Philœ, est ravissant. Après un brusque détour, le Nil, resserré jusque-là entre des masses de granit, s'élargit et se calme; ses rives se couvrent de palmiers et de sycomores; au centre de ce paysage tranquille et frais, l'île de Philœ semble mirer, dans un vaste lac, ses belles ruines mariées à la verdure. Trois temples y dressent leurs colonnades debout encore, mêlant les souvenirs des empereurs romains à ceux des Ptolémées. Une longue chaussée se termine par un petit obélisque, et quatre immenses pylônes offrent leurs hiéroglyphes à la curiosité des savants, et l'ascension de leurs terrasses à l'intrépidité des touristes, qui y grimpent par des escaliers taillés dans l'épaisseur des murs.

Entre Kalabchéh et Debot, est la frontière de Nubie, défendue jadis par des forts qui dessinent encore leur silhouette sur les îlots et sur les falaises. A cet endroit, le Nil s'enfonce dans une gorge sauvage, resserrée entre deux chaînes de rochers ; son lit se hérisse un instant d'écueils, et ce tableau, renfermé dans un cadre plus étroit qu'à Syène, est encore d'un effet imposant. Le crépuscule nous y surprend et lui prête la poésie de ses vapeurs indécises, à travers lesquelles se montre, à l'horizon, un paysage frais et riant, où le Nil coule paisible jusqu'à la cataracte : image de l'homme insouciant qui s'endort entre deux dangers.

15 Décembre. — Emportées, avec une rapidité effrayante, les barques franchissent, en quarante-cinq minutes, les courants qu'elles

ont eu tant de peine à remonter en cinq jours ;
nous retrouvons Assouan, puis l'Egypte avec ses
vallées plus fertiles, mais moins grandioses
que les rochers et les sables dorés de la Nubie.
Les merveilles se succèdent, Koum-Ombo, d'a-
bord, dressant fièrement sur la marge élevée du fleuve des débris immenses minés
chaque jour ; les carrières de Silsiléh ensuite,
où la légende attache une chaîne barrant jadis
le Nil ; peu après, Edfou, qui récemment déblayé est un des temples les plus beaux, les
plus complets et les mieux conservés de toute
l'Egypte. Les longs couloirs obscurs, les escaliers secrets, les chambres mystérieuses,
tout a été protégé par le sable qui garde intacts
ses hiéroglyphes et ses scupltures fines comme
un tissu brodé. L'ensemble et les détails en
sont également beaux, curieux et riches.

Les grottes tumulaires d'El-Kalb, visitées la
nuit surtout, sont intéressantes ; l'heure et le
silence du désert leur prêtent un nouvel attrait.
Elles sont creusées au flanc d'une montagne
dont les fortes arêtes se détachent en ombre
sur le ciel étoilé, les peintures aux couleurs

vives encore de ces chambres sépulcrales, sont une curieuse révélation des coutumes et des cérémonies des premiers âges.

Nous revoyons Esneh de loin, et nous donnons un coup d'œil aux sucreries de Mustapha, placées à Erment ou Hermontis, sous la protection d'un petit temple fort dégradé.

21 Décembre. — Enfin nous touchons à Thèbes. Huit jours y passent bien vite. Mais comment parler de tant de merveilles qui font l'homme si petit, et pourtant comment se taire? Les temples de Louqsor, avec leurs colonnades, leurs pylônes et l'obélisque, frère jumeau de celui qui a élu domicile à Paris, sont à moitié perdus dans les huttes arabes; majestueux débris que dépare cet envahissement et que ne relève pas le voisinage des splendeurs de Karnak.

Les temples de Karnak, dont l'enceinte prodigieuse semble renfermer une ville entière, sont aujourd'hui fort dégradés. On se perd au milieu de ces forêts de colonnes, de ces labyrinthes de murailles sculptées, de ces obélisques, de ces pylônes, de ces statues, de ces avenues de sphinx et d'animaux fantastiques, et l'on se fatigue presque d'admirer. Les savants ont érigé des systèmes ; les archéologues mesuré des lignes et dressé des plans ; les antiquaires ont de nouveau remué ce vieux sol ; maints touristes y ont usé leurs plumes dans des efforts impuissants ; enfin la gravure, le dessin, la photographie ont reproduit sous des formes variées ces gigantesques débris. Tout a été fait ou dit, il ne reste aux nouveaux visiteurs qu'à se recueillir dans le silence.

Sur la plage opposée, les colosses de Memnon dont les oracles sont muets depuis des siècles, les débris du temple de Sésostris, les temples de Médinet-Abou, celui plus modeste de Deir-el-Médinet et le Ramesseum, appelé le Parthénon de Thèbes parce qu'on le regarde comme ce qu'il y a eu de plus élevé dans l'art Egyptien, forment un vaste panorama auquel des montagnes percées d'innombrables grottes funéraires servent de limite. A la grandeur de la nature répond celle des monuments.

Thèbes, la ville sacrée, embrassait jadis

tout cet ensemble dont il ne subsiste à présent
que des ruines dispersées sur les deux rives
du fleuve. Ce qu'on en voit encore dépasse ce
qu'on avait rêvé. Que devait donc être ce passé
mystérieux? L'imagination s'avoue vaincue,
car ici l'ombre seule de la réalité l'emporte
sur la fiction.

Auprès des vivants se conservait le souvenir
des morts ; c'est pourquoi le temple de Gournah
garde en quelque sorte, l'entrée de la nécropole
des rois. Cette longue vallée, resserrée entre des
montages décharnées, arides, pierreuses, réa-
lise tout ce qu'on peut supposer de plus triste
et de plus lugubre. Il était difficile de choisir
une retraite mieux en harmonie avec la pensée
de la mort et du néant. On devait croire aussi
qu'elle resterait à jamais ignorée, la cupidité
l'a fait découvrir, profaner et dégrader. Les
sarcophages de marbre ont disparu avec les
richesses qu'ils contenaient, et les momies
royales n'ont pas été respectées. On a retrouvé
quarante-sept de ces tombes où les excavations, les chambres, les escaliers se croisent
et se multiplient, chargés de peintures et de

sculptures, mais variant dans les dimensions et dans le travail selon la durée du règne de leur hôte. Quelques-unes ne sont point achevées : la mort n'attend pas, elle a contremandé les artistes.

25 Décembre. — Une messe à bord a quelque chose d'imposant, elle est célébrée sur l'*Anna-Marie* par un bon père franciscain, venu de Négadeh ; elle emprunte je ne sais quoi de touchant et de solennel à ce beau ciel, comme au constraste de cette terre tout empreinte des vestiges du paganisme avec la croix qui la domine de sa sainte majesté.

Nous revoyons Keneh et ses fabriques de gargoulettes. L'agent consulaire de France, qu'autorise son titre de chrétien, nous escorte au temple de Dendérah, l'un des mieux conservés intérieurement et des plus riches en sculptures ; pourtant son style, assure-t-on, témoigne d'une ère de décadence ; il date en effet du temps de Cléopâtre, ou du moins ne remonte pas au-delà des Ptolémées. Un cachet spécial lui est imprimé par de longs et étroits couloirs creusés dans l'épaisseur des murs, couverts d'hiéroglyphes, sans autre accès qu'un soupirail, et consacrés sans doute à quelque rite mystérieux. Les ruines d'Abydos, la ville d'Osiris, et ses deux temples disparaissent presque sous le sable dont ils marquent la limite à l'extrémité d'une plaine verdoyante ; elle conduit à Girgeh, jolie ville aux minarets élancés, que le Nil engloutit peu à peu dans un capricieux écart contrastant avec ses habitudes calmes et paisibles. Les falaises de la chaîne lybique s'abaissent de nouveau pour faire place à des rives fertiles et ombragées, qu'animent çà et là de jolis villages ou de petites villes blanches et gracieuses. Ainsi se termine l'année, doucement, mais trop vite, hélas !

1ᵉʳ Janvier. — Un souvenir de France, comme cela fait plaisir, comme cela commence bien l'année! Au milieu de toutes les barques aux couleurs anglaises ou américaines, une cange, enfin, porte notre pavillon, et deux visages de connaissance, le prince d'A... et le comte de Ch..., nous saluent, en nous parlant de la France. La nuit précédente, nous avions croisé le duc de Brabant. Son bateau était illuminé et orné, on refusait d'en nommer l'hôte auguste, et, de cet air de mystère, nos réis avaient conclu à quelque harem en déplacement de villégiature.

Nous ne résistons pas au désir de revoir Syout. Le Nil, rentré dans son lit, a fait place déjà à une riche végétation. Ce changement si rapide surprend, mais la ville n'y perd rien; elle semble aussi charmante, étalée sur un tapis de verdure, que se baignant dans son lac d'occasion. Du haut d'une montagne voisine, en se plaçant à l'entrée de l'une de ses grottes funéraires, on jouit d'un panorama magnifique; des canaux aux courbes gracieuses, des chaussées ombragées, une belle plaine semée de bouquets d'arbres, au centre Syout, et ses blancs minarets; puis au premier plan, devant soi, la cité des morts, voisine de celle des vivants et objet d'un soin tout particulier. Les Musulmans, on le sait, éloignent toute idée lugubre de la demeure de leurs morts, en y multipliant les dômes, les arabesques, les sculptures et les fleurs.

3 Janvier. — Les touristes ont beau explorer le Nil en tous sens, quelques sites échappent encore à leurs investigations ; c'est à ce titre que Crocodilopolis, près de Mahabdeh, nous attire spécialement. On s'insinue par un trou étroit dans des grottes situées au milieu d'un désert scintillant de fragments d'albâtre. La véritable entrée de cette nécropole n'a sans doute pas été découverte. Quoi qu'il en soit, l'on se traîne et l'on rampe pendant plusieurs centaines de mètres sur des débris de momies de crocodiles, et l'on en sort sale, défait, à demi-suffoqué, mais enchanté d'avoir vu plus ou mieux que ses devanciers.

Notre curiosité, habituée à si riche pâture, est sur le point de dédaigner les grottes tumulaires fort dégradées de Tell-el-Amarna. Celles de Beni-Hassan, plus nombreuses, bien alignées sur le flanc du rocher, mieux conservées, ont cependant beaucoup souffert depuis quelques années ; la distribution de ces cellules sépulcrales et leurs peintures sont analogues à celles d'El-Kalb.

D'Antinoë, cette ville récente par comparaison, — que l'empereur Adrien consacra aux mânes d'Antinoüs, son infâme favori noyé dans cette partie du fleuve, — il ne reste rien ou à peu près rien ; ses débris ont servi à Ismaïl-Pacha pour construire la sucrerie de Roda sur la rive opposée..... O progrès de la civilisation !

La mauvaise saison arrive, les coups de vents deviennent presque des tempêtes, ils sont quotidiens et nous clouent souvent sur la plage. Les tourterelles bleuâtres et les guêpiers Savigny, d'un si joli vert, en pâtissent : ces messieurs chassent, et parfois je les suis. Un jour, l'ardeur de la poursuite les entraîne jusqu'à l'entrée d'une petite bourgade inconnue ; ils se dispersent pour suivre leur proie, je reste seule ; je me vois tout à coup au milieu d'affreux noirs, — on me dit ensuite que c'étaient des eunuques — mon fidèle Hamet n'est pas à mes côtés ; eux de me faire de grands gestes accompagnés de grands discours en me montrant une belle maison voisine (sans doute le lieu confié à leur surveillance) ; et moi qui ne les comprends pas et que cette pantomime est

loin de rassurer, je me mets à avoir peur...
Heureusement nos matelots, inquiets de notre
absence, surviennent en ce moment et je ris de
ma frayeur, tout en battant prudemment en
retraite.

De hauts rochers, d'une structure singulière
et ressemblant à cette pierre qu'on appelle
tuf, renferment près de Deir-el-Adra, un petit
temple et de nombreuses excavations, d'abord
sépulcres païens, puis, paraît-il, retraites
des solitaires de la Thébaïde aux premiers âges
du christianisme. A notre grand regret, nos
livres ne nous fournissent aucun document sur
ce point, et les indigènes, consultés par notre
drogman, n'en savent pas davantage.

Devant Minieh, petite ville insignifiante,
nous nous amusons longtemps de la résistance
que mettent à se laisser embarquer les chevaux
d'un régiment envoyé à Kartoum pour répri-
mer les troubles dans le Soudan. Nous exami-
nons curieusement aussi les types variés,
farouches, caractéristiques de ces bachi-bouzouks vêtus, chacun selon son idée, des costumes les plus fantaisistes.

10 Janvier. — Nous approchons du port, et les Pyramides montrent leurs silhouettes à l'horizon. Celles de Sakkarah sont fort au-dessous de leurs sœurs de Gizeh; mais elles se mirent de loin, d'une manière charmante, dans le lac qui occupe le centre d'un bois de palmiers sur l'emplacement de l'antique Memphis, cette reine déchue, aux ruines presque disparues. Tout auprès de Sakkarah se trouve le Sérapeum, nécropole des dieux Apis, où l'on compte trente-cinq sarcophages, monolithes en granit noir d'une taille fabuleuse. Dans le voisinage, un petit temple achève de sortir du sable qui l'avait envahi; ses peintures retracent avec une extrême fidélité les mœurs et les costumes des anciens Egyptiens encore semblables à ce qu'ils sont aujourd'hui après tant de sièles, car en Orient tout est immuable.

Les pyramides de Gizeh, Khéops nommée la grande pyramide, Khéfren et Mycérinus, sont d'un effet extraordinairement imposant par leur masse, mais de formes trop lourdes pour être belles. Peut-être subissent-elles le sort de toute chose trop vantée? L'imagination s'est mise en frais et la réalité ne peut y atteindre. La pyramide de Khéops, la plus colossale, couvre un espace de plus de quatre hectares de terrain et mesure cent cinquante mètres de hauteur. Cent quarante marches gigantesques conduisent à son sommet; on les escalade, remorqué et porté par les Bédouins commis à ce soin. La chambre funéraire est d'un accès difficile; l'air et le jour y manquent également et la curiosité déçue en garde rancune. Le sphinx qui repose aux pieds des pyramides est encore à demi enfoui; sa tête énorme, d'une expression calme et douce, a seule complètement secoué le sable qui l'étouffait. Sa protection n'a pu garantir de la profanation les nombreuses tombes groupées à l'ombre du sépulcre royal. Parmi ces tombes surgit un petit temple où le granit noir se combine d'une manière heureuse avec l'albâtre oriental.

Vu le soir et à quelque distance, ce paysage est magique : les bois de palmiers et de mimosas se noient déjà dans la brume, tandis que les silhouettes des Pyramides se découpent encore sur le ciel embrasé que reflète le Nil, comme s'il voulait fêter le dernier soir que nous passons à bord. Hélas! c'est un adieu aux canges, aux bons jours si vite écoulés, à cette douce vie dont il ne nous reste plus déjà que le souvenir : le souvenir qui regrette en regard de l'espérance qui sourit.

14 Janvier. — Il faut que les yeux se fassent à l'Orient. Chacun, pour aimer le pays qu'il visite, a besoin d'y mettre un peu de sa pensée et de son cœur. Ce qui choquait d'abord s'évanouit, ce qui semblait bizarre plaît, on se passionne enfin pour cette terre privilégiée. Ainsi, ce n'est qu'à une seconde halte au Caire qu'on l'admire franchement, qu'on l'aime en un mot. On ne fait plus rien, on ne voit plus

rien et pourtant les journées s'écoulent comme
un songe. L'une d'elles nous ramène à Choubra,
mais le kamsin souffle, il dévaste, il dessèche,
il flétrit. Le ciel est gris, l'air presque froid,
les fleurs se sont fanées sous le souffle meur-
trier, la nature est triste, et la féerie a disparu.
Sans doute le kamsin passa sur le paradis
terrestre après la chute du premier homme;
et c'est dans cet affreux désordre que le jardin
de délices, veuf de ses hôtes, dut apparaître
aux anges désolés.

L'ouragan dura trois jours. Nous saluons le
retour du soleil dans les jardins du duc d'Au-
mont, sous un baobab gigantesque, arbre à
gomme élastique, mais phénomène peut-être
unique comme puissance de végétation; de ses
branches horizontales, descendent des rejets
qui, retombés de la cime jusqu'en terre pour s'y
replanter, forment tout à l'entour de singuliè-
res et spacieuses galeries. Cet arbre, enfant d'un
autre sol et transplanté là par le caprice de
quelque pacha, projette son ombre sur un
espace immense, au centre de l'île de Roudah,
non loin du promontoire où la légende place

les roseaux qui abritèrent le berceau de Moïse.
C'est un site remarquable par son horizon
embrassant le cours du Nil, Boulak et le désert
jusqu'aux Pyramides.

Une belle promenade nous conduit au barrage
du Nil, cette louable entreprise de Méhémet-
Ali, dont le but est de régler les crues du fleuve.
Le mélange du style maure et du gothique un
peu colifichet contraste avec le caractère de
cette construction et surtout avec la sévère
grandeur des monuments de la vieille Egypte.

Comme adieu au Caire, le ciel nous ménage
une bonne fortune, si on peut donner ce nom
à une chance due à la mort d'un homme. Dans
la nuit du 19 au 20 janvier, Saïd-Pacha meurt,
et son neveu Ismaël lui succède. Sans respect
pour les cendres encore chaudes du dernier
vice-roi, les acclamations retentissent aussitôt
en l'honneur de l'astre qui se lève. La ville
s'illumine, les bazars se pavoisent, des giran-
doles et de riches draperies ornent les rues,
la vie est partout. Les Arabes, si graves et si
tranquilles d'ordinaire, se heurtent et se pressent. Ces trois nuits respirent un air de luxe,

de fête et de gaîté; le Caire semble vraiment
la reine de l'Orient chantée par les poètes.

28 Janvier. — Il faut enfin s'arracher à tant
de séductions, il n'y a plus à différer. Une
œuvre laborieuse nous attend, les préparatifs
sont faits, les marchés conclus. Il ne s'agit de
rien moins que de gagner la Palestine en traversant le désert. Peu de femmes osent s'y
aventurer, ma mère n'en est pas effrayée : in-
trépide jusqu'ici, elle ne recule pas devant la
fatigue et le danger. Son courage la soutient,
son courage s'unissant à l'amour maternel et
au désir de ne pas déranger un projet qui
semble plaire à tous. Pour moi, en qui le nom
de désert éveille de vives émotions, je souris à
l'idée de le connaître dans toute sa grandeur.
Nous n'avons fait encore que l'apercevoir, nous
allons donc y pénétrer. Mais avant d'en prendre
la route, nous reverrons l'isthme de Suez.
M. de Lesseps en personne nous en fera cette
fois les honneurs, en même temps qu'au duc de
Brabant revenu de la Haute-Egypte. On ne
manque pas une si belle occasion. Mon fidèle

Hamet me suivra, je n'ai pu résister à son chagrin de la séparation. Il a échangé la tunique du fellah contre le brillant costume des saïs; il doit me protéger dans les périls du désert; son rire franc et joyeux renaît et nous montre de nouveau ses dents blanches contrastant si drôlement avec sa peau bronzée.

Nous revoyons Zagazig, Tell-el-Kébir, le seuil d'El-Guisr, Timsah, qui s'appellera Ismaïla en l'honneur du nouveau Pacha, Timsah que nous retrouvons grande ville déjà et baignée par son lac. A Toussoum, nous constatons les progrès que le percement de l'isthme a faits depuis trois mois. M. de Lesseps, avec une bonne grâce parfaite, nous explique son œuvre, et Mgr le duc de Brabant, notre compagnon momentané de voyage, y joint de délicates attentions. A Kantarah, point de départ des caravanes qui vont en Syrie, un grand dîner, prélude de la séparation, nous réunit une dernière fois. Le prince le termine par un toast aussi gracieusement dit qu'aimablement porté. « Après s'être incliné devant la vieille Egypte, il croirait, dit-il, manquer à son pays, à son siècle et à lui-même, s'il ne venait saluer aussi cette merveille de notre époque ». Il ajoute un souhait de bonne chance aux voyageurs.

31 Janvier. —Nous nous enfonçons dans les profondeurs du désert, après avoir dit adieu au doyen de notre bande, peu soucieux de l'inconnu qui nous attend. Un bédouin superbe, au fier profil, au regard profond, où la colère allume parfois une lueur sauvage, nous a été donné, ainsi que ses frères, comme guide et escorte, par M. de Lesseps. Abou-Chanem, c'est son nom, marche en tête, sur son dromadaire; nous le suivons, un peu effrayés d'abord de la hauteur et des allures de nos montures du désert, mais rassurés bientôt, puis habitués et finalement attachés à ces dociles bêtes, comme à de bons serviteurs, d'autant plus que ce genre de sport n'entraîne pas la fatigue qu'on lui prête.

Quarante chameaux de charge ou de selle

forment une file imposante. Les campements, choisis souvent auprès d'un oasis, présentent un spectacle des plus pittoresques, avec les tentes dressées, la cuisine en plein air, la pile des ballots, les animaux couchés et ruminant leur maigre pitance, enfin les grands feux autour desquels nous nous groupons pêle-mêle avec nos bédouins aux types sévères, aux costumes élégants. Eclairés par les flammes et leur empruntant des teintes inexprimables, ils charment la veillée, tantôt par des chants tristes et monotones, tantôt par ces contes merveilleux que tous les Orientaux aiment avec passion : des exploits guerriers, des apologues, des légendes en fournissent le texte, celle surtout, m'a-t-on dit, de la reine de Saba et du roi Salomon. Parfois ces hommes si graves aiment à rire : les femmes alors sont, de préférence, l'objet de leurs sarcasmes. Un conte de ce genre fut récité à la grande joie des auditeurs, j'en consigne ici le souvenir :

« Dieu procédait à la création d'Eve, et tandis qu'il refermait la plaie d'Adam, un singe, envoyé par le diable, saute sur la précieuse côte, l'emporte et se sauve dans un bois voisin. Le Créateur, vivement contrarié, ordonne de poursuivre le larron. Après une rude chasse, un ange parvient à le saisir par la queue, mais cette queue lui reste entre les mains, et ce fut tout ce qu'il put rapporter, non sans provoquer les rires de la cour céleste. Dieu regarda ce tronçon avec quelque désappointement. « Enfin, dit-il, puisque nous n'avons que cela, voyons ce que nous en pourrons faire ? » Et, il transforma l'ignoble queue en une créature belle au dehors, mais au dedans pleine de malice et de perversité ! »

Revenons à la vie du désert.

Le désert n'est pas, comme je l'avais rêvé, un océan de sable à perte de vue ; une sorte de végétation lui est propre, rabougrie, grise plutôt que verte, déparant le tableau à un point de vue et ne l'embellissant à aucun ; le sol est ondulé, des oasis de palmier se cachent souvent dans les plis du terrain, parfois ils ombragent des flaques d'eau jaunâtre, dont l'horrible saveur augmente encore la soif qu'aiguise sa vue.

Notre seconde journée de marche s'arrête à l'emplacement de Katyéh, ville jadis florissante, aujourd'hui disparue. A côté d'une tour romaine et de tronçons de colonnes en marbre blanc, seuls vestiges de son existence, deux tombeaux de santons témoignent de campements de bédouins plus récents; un gros bouquet de dattiers les y attire sans doute. En approchant d'El-Arish, la végétation cesse complètement; tantôt ce sont des plaines de sable blanc, scintillant de paillettes de basalte, tantôt nous retrouvons le sable d'or de la Nubie. C'est bien le désert, enfin, avec sa grandeur sauvage; pas un oiseau ne gazouille, pas une feuille ne bruit, pas un insecte ne s'agite, et dans ce silence de la nature l'âme se recueille et se sent née pour l'infini. L'infini? quelle puissance dans ce mot, quel attrait mystérieux! Notre esprit ne saurait le comprendre, mais notre âme en a soif. L'Océan et le désert en sont deux sublimes images, quoique inégalement incompréhensibles; car la mer a pour nous sa raison d'être comme lien entre les peuples éloignés, comme instrument de civilisation et source féconde de bien-être. Mais le désert? Pourquoi cette immense solitude, pourquoi ces sables amoncelés que le simoun soulève et disperse avec fureur? Pourquoi cette vaste étendue d'où la vie est absente sous toutes ses formes ailleurs si variées, et où elle pénètre à travers mille dangers, pour n'y laisser d'autres traces que des ossements? Le Créateur a-t-il voulu laisser son œuvre incomplète? Non, sans doute. Celui en qui réside la sagesse absolue n'a rien produit que de parfait. Il y a là quelque haute pensée, quelque dessein profond qui échappe à notre débile intelligence· Désert, je te salue! je viens après tant d'autres te demander ton secret, et si, pas plus qu'eux, je ne puis l'obtenir, je m'incline, cependant, tout émue devant ta majesté.

D'El-Arish, triste village perdu dans cette immensité et rendu plus maussade encore par une haute forteresse, nous apercevons la mer que nous revoyons par intervalle jusqu'à Gaza, un soir entre autres, près du joli fort d'El-Kan-Younès qui signale la frontière de Syrie. Adieu l'Afrique et salut à la terre d'Asie! Nos étapes de la journée, nos campements du soir, se placent commme charmants souvenirs à côté de ceux du Nil. Nos bédouins sont bons comme l'étaient nos matelots ; leur cordialité et leur hospitalité rappellent les vieux âges, leurs mœurs sont patriarcales, parfois même un peu trop...

7 Février. — On quitte le désert en approchant de Gaza, jolie ville bien située, bien bâtie, entourée de bois d'oliviers et dominée par une montagne que couronne une mosquée aux coupoles arrondies, consacrée par les Musulmans au souvenir de Samson. De là, l'œil embrasse un vaste horizon : la ville et la mer devant soi, à gauche le désert, à droite une large plaine, et dans le fond les montagnes derrière lesquelles se cache Jérusalem. Cette plaine, quoique cultivée, paraît nue, silencieuse, sans ombre, même sans habitants, car leurs maisons se dissimulent sous des terrasses gazonnées. On sent la présence de l'homme partout, on ne le voit nulle part, et cette marche est d'une triste et oppressante monotonie. Enfin nous atteignons le puits romain de Beït-Djébrin, au pied des montagnes. Le sentier rocailleux et difficile qui les traverse côtoie le lit desséché d'une rivière, au fond d'une gorge sauvage. La pluie nous y surprend, nos chameaux hésitent, trébuchent, suivent péniblement le chemin qui gravit une côte aride et pierreuse. Dans un repli de terrain apparaît le village d'Abou-Goch, qui a pris ce nom de celui de son Cheik, jadis chef de brigands redouté. Nous trouvons un abri contre le déluge qui continue, sous la triple nef d'une église gothique, souvenir des Croisés. D'autres voyageurs y cherchent un asile aussi, et ce campement improvisé présente un coup d'œil d'une piquante originalité. Un vol, cependant, en trouble le calme et nous prouve que les habitants n'ont point complètement dépouillé leur caractère. Nos chameliers et notre escorte de bachi-bouzouks croient leur honneur compromis ; la querelle s'envenime, quelques fusils se montrent derrière les murs ; on se borne heureusement, de part et d'autre, à une attitude menaçante, et nous repartons après de longs pourpalers.

Nous escaladons une série de monticules séparés entre eux par des ravins, nous touchons au dernier sommet, et soudain se montre à nous, avec son enceinte de murailles crénelées, la Ville Sainte, Jérusalem!

JÉRUSALEM, LA VILLE SAINTE

11 Février. — L'apparence d'aridité et de désolation qui règne autour de Jérusalem serre le cœur ; personne au dehors de la ville, pas de bruit au dedans. Les rues, semblables à des cloaques étroits et noyés dans l'ombre de voûtes nombreuses, sont taillées en pentes raides, toujours bourbeuses et glissantes, quoique pavées en larges pierres. L'aspect général de la ville est sale et triste ; ses habitants, au teint hâve, marchent lentement, silencieusement, comme sous le poids d'une profonde misère.

Ici les curiosités du voyageur s'effacent devant les aspirations de la foi du chrétien, et les souvenirs de la religion sont les premiers qu'on cherche. Malheureusement, l'attente est loin d'être remplie. Les conversations, les querelles, les promenades qui profanent le Saint-Sépulcre dissipent la piété qu'on y avait apportée ; et l'imagination a trop à faire pour aider la foi dans la recherche des vestiges de Notre-Seigneur Jésus-Christ, consacrés par la tradition. Ce premier coup d'œil attriste profondément, c'est une illusion perdue, un rêve d'enfance dissipé. La solennité, l'idéal dont on entoure la grande figure du Christ, s'amoindrit presque, dans l'altération et la profanation de ces enceintes vénérées ; au premier aspect les choses mettent trop de l'homme dans l'Homme-Dieu.

La Voie douloureuse, de mille trois cent quarante pas de longueur, étroite, tortueuse, remplie de fange, ne conserve presque aucune trace du drame douloureux qui s'y est déroulé. La tradition cependant y a reconstruit un chemin de croix dans l'ordre suivant :

La Première Station est le *lithostrotos*, ou le balcon du gouverneur, dans le prétoire, aujourd'hui caserne turque. Un arc de porte, sculpté et muré, marque l'emplacement de la *Scala sancta*, du haut de laquelle l'arrêt inique fut prononcé. Le palais d'Hérode, entr'acte de la Passion en quelque sorte, est situé à une centaine de pas, dans une rue adjacente. En face du prétoire, les Franciscains ont consacré par une chapelle le souvenir de la Flagellation.

La Deuxième Station se trouve aux deux arcades de l'*Ecce-Homo* ; ces dernières sont renfermées, en grande partie, dans le couvent des Filles de Sion.

La Troisième est à l'angle de la rue de Damas, où une colonne renversée signale la première chute.

Quelques pas plus loin, le Christ fut entraîné dans une autre ruelle; à cet endroit, il rencontra sa mère et la salua. Ce souvenir est consacré par la Quatrième Station.

La Cinquième rappelle la rencontre du divin Supplicié et du Cyrénéen, auprès de la maison du mauvais riche.

La Sixième est dédiée à la rencontre du Sauveur et de Véronique.

Une entaille dans le mur indique la deuxième chute et la Septième Station.

Un peu après se trouve la *Prote judiciaire* ou

des criminels. Là s'arrêtait jadis l'enceinte de Jérusalem; la sentence des condamnés était attachée à une colonne de granit rouge qui s'aperçoit encore dans un buisson de nopals. Les filles de Jérusalem s'y étaient groupées en pleurant, et la Huitième Station honore leur anxieuse attente, à l'endroit où quelques débris de cette Porte se voient enchâssés dans des constructions plus récentes.

Un colonne dans le bazar rappelle la troisième chute et la Neuvième Station. Là, le Sauveur était arrivé au terme de la douloureuse tragédie qui allait se dénouer sur le Calvaire. Les dernières stations sont réunies dans l'église du Saint-Sépulcre:

La Dixième, dans la chapelle du dépouillement.

La Onzième, dans la chapelle construite sur le lieu où le Christ fut cloué sur la croix.

La Douzième, sur l'emplacement où la croix fut élevée.

La Treizième, à la pierre de l'Onction.

La Quatorzième est au Saint-Sépulcre luï-même.

Malheureusement la piété dévastatrice des fidèles a obligé de cacher sous des plaques de marbre cette tombe béante et ce rocher sanctifié, dont la nudité parlerait plus haut à l'âme que tous les ornements dont ils sont décorés. Le roc ne se montre guère que sous la porte basse, qui sépare du tombeau même la petite pièce, où les anges apparurent aux saintes femmes. L'ensemble du Sépulcre présente l'aspect d'un énorme bloc de marbre blanc.

Une procession du chemin de croix se fait dans l'église, où divers sanctuaires suppléent aux stations extérieures.

Edifiante toujours par ses souvenirs empreints d'une religieuse poésie, cette cérémonie devient fort imposante les jours solennels, lorsque le patriarche la préside, vêtu de son long manteau de soie violette doublé d'hermine, et suivi de tous les Fransciscains qui, des cierges à la main, s'avancent lentement sous les saintes arcades. Outre les dernières stations commémoratives de la vie du Christ, l'église du Saint-Sépulcre renferme de nombreux sanctuaires, la plupart réservés au culte

latin. Ce sont les chapelles de l'Apparition de Jésus-Christ à Marie-Madeleine, de sa détention pendant que se préparait son supplice, de la Colonne de la Flagellation, du Couronnement d'épines et de la pénitence du bon larron.

Du Calvaire on descend à la chapelle arménienne, dernier vestige des constructions de sainte Hélène, élevées sur l'emplacement où la pieuse princesse se tenait en prière pendant que les insignes reliques étaient retrouvées dans une citerne abandonnée. On y arrive par dix-huit marches ; un autel consacré à l'invention de la vraie Croix se trouve placé précisément sous le Calvaire, à une profondeur de quarante pieds. Trois autels sont dressés sur le Calvaire à l'endroit où le Christ fut cloué sur la croix, à celui où son corps fut déposé entre les mains de sa mère, et au lieu même où il fut élevé entre le ciel et la terre afin d'accomplir les prophéties. Là aussi, est la fente qui se fit dans le rocher au moment de la mort de l'Homme-Dieu.

Selon une touchante croyance, le déluge aurait transporté les restes du premier homme dans un caveau au-dessous du Calvaire, et par

cette fissure qui y correspond, quelques gouttes
du sang régénateur du second Adam coulèrent
sur le premier en gage du pardon de son crime
et de réconciliation avec sa race. Le centre de
l'Eglise, celui même du monde, d'après les
croyances de tout le moyen âge, appartient exclusivement aux Grecs ; le sanctuaire étince-
lant d'or répond à la richesse de leurs costumes
et aux pompes de leurs cérémonies. Mais l'esprit chevaleresque des Français trouve plus
d'attrait à contempler, dans l'humble sacristie
des Franciscains, la vaillante épée de Godefroy
de Bouillon, ses éperons et son collier dont on
revêt encore les chevaliers du Saint-Sépulcre
pendant la cérémonie de leur réception.

A voir du dehors l'église du Saint-Sépulcre,
on dirait qu'elle craint d'attirer les regards. La
croix de sa coupole est trop humble pour domi-
ner, et sa façade est bien à l'étroit entre deux
couvents Grecs. Pourtant les cintres mêlés
d'ogives de ses fenêtres et de son double portique sont riches de sculptures ; mais l'une des
portes est murée, et l'autre ne s'ouvre qu'après
de nombreuses difficultés et un gros tribut

payé aux musulmans. Une seule petite chapelle séparée du Calvaire par une fenêtre
grillée, est toujours ouverte à la piété des fidèles. Dédiée à l'angoisse poignante qui saisit
la Mère de Douleurs à la vue de l'agonie de son
divin Fils, elle rappelle aussi la pénitence de
Marie l'Egyptienne, coupable et repoussée du
temple par une main invisible. Auprès de l'é-
glise du Saint-Sépulcre, les sculptures d'une
porte cintrée à demi enfouie dans les décombres, indiquent seules encore le palais des chevaliers hospitaliers.

Des sanctuaires nombreux, sinon riches, sont
disséminés dans la ville sainte. Près de la porte
Saint-Etienne, la France relève l'église de
Sainte-Anne, bâtie par sainte Hélène sur la
grotte où naquit la sainte Vierge. Aux appro-
ches de la piscine d'Ezéchias, l'église syrienne
est construite sur les restes de la maison de
saint Marc, et la foi naïve y vénère le baptistère de la sainte Vierge et la porte à laquelle vint frapper saint Pierre miraculeusement délivré de prison. Les Arméniens ont
leur principale église dans le quartier qui leur

est affecté; très riche en sculptures, dorures et
incrustations, elle est consacrée à la mémoire
du martyre de saint Jacques. Tout à côté, une
autre église fort ancienne s'élève sur les fondations de la maison du grand-prêtre Anne;
dans la cour attenante, on vénère un olivier
auquel, dit-on, le Christ fut attaché.

A deux cents pas plus loin, en dehors de la
porte de Sion, un autre couvent arménien occupe l'emplacement de la maison de Caïphe;
sa chapelle est prise dans ce qui fut la prison
même du Christ, et l'autel qui la décore est
fait de la pierre qui fermait le Saint-Sépulcre.
On regarde avec émotion tous ces lieux que les
récits évangéliques nous ont d'avance rendus
familiers. Voici la place où saint Pierre renia
son Maître. Et quand même il y aurait quelque
erreur dans les désignations traditionnelles,
peu importe. Les méprises, s'il y en a, ne sau-
raient porter que sur un espace infiniment
petit. D'ailleurs n'est-ce pas le même ciel? L'â-
me, fortement saisie par la réalité des choses,
se laisse aller avec attendrissement au sou-

venir de ces grandes scènes dont le théâtre incontestable est sous ses yeux.

Non loin du couvent arménien, une vaste église, construite par les Croisés et tombée par la conquête sous le pouvoir musulman, embrasse le cénacle, le lieu de la cène, où mourut la sainte Vierge, et le tombeau de David. Le fanatisme des sectaires de Mahomet s'est emparé de l'église, a chassé les Franciscains qui la desservaient et les a remplacés par des santons dont la cupidité met à haut prix le rapide coup d'œil qu'ils permettent aux chrétiens d'y donner.

Pour retrouver les autres empreintes des pas du Sauveur, il faut sortir de Jérusalem. Passant auprès de la piscine de la Probation, maintenant desséchée et ruinée, où Notre-Seigneur guérit le paralytique, et franchissant la porte Saint-Etienne, on descend un escalier escarpé, à l'extrémité duquel est le rocher qui a vu le supplice du premier martyr; on passe le torrent de Cédron, dont le lit est à sec, et on arrive au jardin de Gethsémani. Huit des oliviers, à l'ombre desquels se reposa le Christ, y sont enfermés dans une enceinte confiée à la garde des Franciscains. Des soins mal entendus ont transformé en parterre fleuri cet oratoire divin que l'on voudrait voir sans ornements. Dans le voisinage, on montre le rocher témoin du sommeil des Apôtres, pendant la nuit de la *Passion*, le lieu du baiser de la trahison, la grotte de l'Agonie, dont les parois nues et tristes inspirent le recueillement et la prière; enfin, tout auprès, par un rapprochement touchant, le tombeau de la sainte Vierge. Echappée aux destructions de Saladin, l'église qui renferme ce précieux dépôt est encore celle bâtie par Godefroy de Bouillon; elle présente un singulier assemblage de portail roman et de voûtes ogivales. Dans le chœur, où l'on arrive par un bel escalier intérieur de cinquante marches, est la grotte qui contient la tombe de Marie et les sépultures de saint Joachim, de sainte Anne et de saint Joseph.

En remontant la pente opposée du ravin, par un sentier tortueux et rapide, on voit les ruines de différents oratoires conservant de pieux souvenirs aux places que la tradition leur assigne : le Christ pleurant sur Jérusalem, l'enseignement du Pater aux Apôtres qui devaient se réunir plus tard au même lieu pour composer le Credo.

Au sommet de la montagne des Oliviers, une église avait été bâtie sur le rocher où Notre-Seigneur laissa l'empreinte de son pied comme adieu à la terre en remontant au ciel. Les Musulmans ont changé ce sanctuaire en mosquée; mais ils ne l'ont ni profané ni dégradé, et leur fanatisme s'adoucit même jusqu'à permettre aux communions chrétiennes d'y célébrer leurs offices à certains jours. Du haut du minaret qu'ils y ont construit, l'œil embrasse un vaste et intéressant paysage : d'un côté, Jérusalem tout entière se détachant sur les montagnes arides qui lui masquent la mer, et plus près la vallée de Josaphat, cette salle d'audience bien étroite pour les assises solennelles qui doivent un jour s'y tenir; de l'autre côté, le mont du Scandale qui a vu Salomon sacrifier aux idoles, celui du Mauvais-Conseil où les juifs délibérèrent d'en précipiter Jésus-Christ; enfin, à l'horizon, le Jourdain, un coin de la mer Morte et les cimes déchirées et tourmentée des montagnes qui l'entourent.

Un autre sentier aussi raide, aussi pierreux que le premier, ramène rapidement à la vallée de Josaphat, pavée littéralement des pierres tumulaires des Juifs; ils craignent sans doute, de ne pas arriver à temps pour entendre leur condamnation. Entre elles se distinguent plusieurs beaux monuments taillés dans le roc vif et d'une antiquité incontestable; on a cru y reconnaître les tombes des prophètes, celles d'Absalon, de Josaphat, de saint Jacques et de Zacharie. En côtoyant encore le lit aride du Cédron, on passe devant Siloam, gracieux village à demi creusé dans le roc, à demi suspendu au flanc du rocher. Parmi ses maisons s'aperçoit un petit temple monolithe en pierre jaune, consacré au dieu Molok par le sage Salomon tombé dans l'idolâtrie. Quelques pas plus loin, dans la vallée, un étroit et profond escalier conduit à la source, où selon une pieuse croyance, la Vierge-Mère venait laver les langes de son divin Enfant. Près de là est la fontaine de Siloë, sanctifiée par la guérison de l'aveugle-né, et celle de Job, d'où l'on jouit d'une belle vue sur la gorge solitaire qui termine la vallée.

Si l'on sort de Jérusalem par le côté opposé à la vallée de Josaphat, tournant à droite après avoir passé sous la porte de Damas, la plus ornée et la plus gracieuse des sept portes de la ville, on longe alors, dans un site sauvage, une partie des murs d'enceinte appuyés sur le roc vif. C'est là, près des débris des anciens fossés, qu'une ouverture basse et étroite donne accès aux cavernes royales, vastes carrières où furent taillées les pierres du temple de Salomon. L'empreinte de la pique y est restée partout; des piliers, ménagés dans le rocher presque blanc, soutiennent de vastes salles qui se croisent et se prolongent bien avant sous la terre; les reflets des torches qui s'agitent dans cette obscurité ont quelque chose d'étrange et de fantastique.

Un chemin, rocailleux toujours, mais ombragé par des groupes d'oliviers centenaires, mène à la grotte de Jérémie, aux tombeaux des Rois et à ceux des Juges. Ces derniers, bien conservés, donnent une idée très précise de

la distribution, toujours semblable, des hypogées juifs aux premiers siècles.

Quelques marches conduisent à une porte
basse taillée dans le roc, qu'une meule appuyée
sur la rainure servait à dissimuler. Un étroit
corridor, fermé d'une seconde porte en pierre,
aboutit à une espèce de vestibule, d'où partent
trois couloirs dans lesquels on ne pénètre
qu'en rampant; ils débouchent chacun dans une
pièce destinée à recevoir des sarcophages; on
y voit les banquettes et les fours disposés à cet
effet et variant de un à trois.

Nous restons longtemps à contempler ces
tombeaux, saisis par l'émotion des souvenirs,
devant les demeures de ces grands chefs, souvent inspirés, à qui Dieu confia la haute mission
d'enseigner, de conduire, de défendre ou de dé-
livrer son peuple et qui ne disparurent que
pour faire place au Roi des Rois, au Roi des
Peuples.

JÉRUSALEM
LES MUSULMANS ET LES JUIFS

Les souvenirs chrétiens ne sont pas les seuls que conserve Jérusalem. Il faut visiter la mosquée d'Omar, sanctuaire révéré des musulmans et longtemps interdit aux catholiques. Les portes nous sont ouvertes, grâce à l'obligeance du consul de France, M. de Barrère, vrai Bas-Breton par la foi, par l'enthousiasme et aussi par la longue chevelure. La mosquée occupe l'emplacement du temple de Salomon, et les légendes mahométanes s'y mêlent singulièrement aux traditions bibliques. Sa vaste enceinte, fermée par des constructions, est semée d'oliviers et de cyprès qui ombragent divers petits oratoires ou monuments; au centre, sur une large plate-forme pavée, s'élève un ample sanctuaire octogone, revêtu extérieurement de faience aux couleurs brillantes, et orné à l'intérieur de mosaïques à fond d'or, dont des verrières coloriées rehaussent l'éclat et la richesse.

Une haute coupole, que supporte une colonnade du plus beau vert antique, plane directement au-dessus d'un immense et anfractueux rocher contrastant par sa nudité avec la somptuosité du temple. Cette roche n'est autre que le sommet du mont Moriah; consacrée d'abord par l'holocauste d'Abraham, puis par le sacrifice expiatoire de David, elle était au temps de ce roi l'*aire d'Arcuna*. Salomon, respectant ce souvenir, mit le lieu qui le rappelait dans le *Saint-des-Saints*, et en fit l'autel des holocaustes; il est resté l'objet de la profonde vénération des musulmans, qui le regardent comme le point d'où s'est opérée l'ascension de Mahomet. Leurs traditions ajoutent qu'à ce moment la roche s'élança dans les airs pour suivre le prophète, mais ému de pitié pour le genre humain menacé de perdre le fruit des prières de soixante-dix mille anges commis à la garde de la pierre sacrée, l'archange Gabriel s'y cramponna et la retint suspendue dans l'espace; depuis lors, elle s'y maintient en équilibre, quoique les yeux des profanes la voient adhérer au sol. Cette roche s'abrite en entier sous une large draperie rouge, souvenir de la tente que Dieu donna à Adam, lorsque le premier homme retrouva sa compagne Eve auprès de la Mecque, après une séparation de cent ans. Sous la roche est une chambre souterraine, et plus bas, un puits profond par où jadis le sang des victimes s'écoulait jusqu'au Cédron, mais qui pour les mahométans est la porte de l'Enfer. Leur foi facile révère particulièrement dans cette chambre les *mihrabs* ou chaires de prières d'Abraham, de David, de Salomon et de saint Georges : ils la donnent aussi pour demeure à la mère de Jésus et à celle de Mahomet, occupées l'une et l'autre à tisser les vêtements des justes. Selon leurs légendes encore, une pierre de forme singulière, conservée dans la mosquée, est la selle d'Elborack, jument de l'ange Gabriel, et les veines d'une dalle de marbre représentent l'oiseau favori de Salomon, le *hulhul*, qui, fier de sa faveur, ayant osé ne point mêler sa voix au concert de louanges de toutes les créatures à la vue du temple, trouva dans cette transformation le châtiment de son irrévérence.

Des clous dorés marquent, pour les musulmans, la durée de notre monde; Mahomet luimême les a enfoncés de manière, qu'à la fin de chaque siècle, un clou se détache et va consolider le trône d'Allah. Il en reste trois encore, la disparition du dernier sera le signal de la consommation des siècles. A ce moment, les mérites des hommes seront pesés dans une balance que les croyants aperçoivent dans les profondeurs du firmament, au-dessus d'une petite chaire de marbre blanc délicieusement sculptée. Le jugement se prononcera sur un fût de colonne renversée, braqué déjà comme un canon au-dessus de la Porte Dorée. Le Christ y siègera. Moïse et Mahomet lui présenteront leurs adeptes, et la redoutable sentence prononcée, les âmes seront invitées à suivre un fil imperceptible conduisant au Paradis. Les pauvres condamnées tomberont dès le premier pas dans l'abîme, tandis que les âmes reconnues justes par les prophètes sortiront victorieuses de cette épreuve gymnastique. Peut-être trouverait-on l'origine de cette légende dans le souvenir du pont qui, jadis, reliait Sion au mont du Scandale, et duquel le bouc émissaire, chargé des iniquités d'Israël, était précipité dans le ravin.

Devant la mosquée d'Omar, est un joli dôme aux colonnettes sveltes et gracieuses. C'est là, disent les musulmans, que David, le vicaire de Dieu, rendait la justice; et la tâche lui était facile, car une chaîne rattachée au ciel lui servait d'épreuve : le juste touchait impunément l'anneau sacré, qui, au contraire, restait entre les mains du prévaricateur. Le nombre des coupables explique la diminution successive, puis la disparition de cette chaîne merveilleuse. L'enceinte du temple comprend la Porte Dorée, murée maintenant, parce que, selon une croyance populaire, c'est elle qui doit livrer passage aux chrétiens victorieux. Près de là est une voûte soutenue par quatre piliers énormes que Halda, la prophétesse, apporta sur son épaule, dit une chronique. Un petit dôme voisin recouvre le trône où mourut Salomon et qui est l'objet d'un culte craintif. Plus loin, près de la porte du Sud, s'ouvrent deux passages souterrains, à double nef, dont l'antiquité hébraïque est incontestable.

Salomon en a fait tout au moins tailler les immenses assises en bossages, de même que les quinze rangées de colonnes formant un second étage de voûtes; elles sont destinées à soutenir une vaste terrasse artificielle, complément de l'esplanade du temple. La mosquée d'El-Aksa, jusqu'où se prolonge cette esplanade, ne saurait renier son origine chrétienne; bâtie par Justinien, sous le nom d'église Sainte-Marie, elle échut en partage aux Templiers, qui y adossèrent la salle de leur conseil. Sept nefs ogivales, séparées par de hautes colonnes de marbre, constituent cette basilique. L'islamisme l'a badigeonnée à la chaux, mais en revanche il l'a décorée d'un member de bois sculpté avec une délicatesse extrême; il l'a dotée, en outre, de légendes merveilleuses, entre autres celles des deux piliers s'écartant pour laisser passer le juste et se refermant sur le pécheur, de la tombe des deux fils d'Aaron et du puits par lequel un descendant du prophète pénétra jusqu'au paradis.

Une partie de l'enceinte extérieure du premier temple est encore tracée par les colossales assises des constructions de Salomon. C'est là que les débris de la race juive se donnent rendez-vous tous les samedis pour pleurer leur ancienne splendeur, et peut-être aussi rêver à l'immortelle gloire de leurs destinées futures, sous le Messie victorieux qu'ils attendent toujours. Ce spectacle est à la fois curieux et triste. Nulle part autant qu'à Jérusalem, la malédiction ne semble peser sur le peuple réprouvé : il y est méprisé, bafoué, refoulé dans un quartier bas, sale, infect, où se déversent tous les égouts de la ville. Ses maisons, aux portes basses, inspirent un sentiment de répulsion, et l'on ne sait si l'on éprouve dégoût ou pitié pour les fantômes qui y végètent. Belles juives du Cantique, qu'êtes-vous devenues? Que diriez-vous des filles de votre nation au dix-neuvième siècle ?

Les environs de Jérusalem ont aussi des sites consacrés par la présence du Christ et des siens; tels, à Saint-Jean-du-Désert, l'emplacement de la maison de sainte Elisabeth et de la Visitation, cette première manifestation de l'Homme-Dieu, dès avant sa naissance; et tout près, dans une position extraordinairement sauvage, au flanc d'un rocher à pic, la grotte où le saint précurseur ne passa guère moins de trente ans à se préparer pour son grand ministère.

Un couvent de Franciscains et une maison des Filles de Sion, sont établis en ce lieu, l'un des plus maussades et des plus tristes de la Palestine.

En revenant à Jérusalem, nous passons devant le couvent grec de Sainte-Croix. Là s'élevait l'arbre dans lequel fut taillée la Croix.

7.

Suivant la tradition, Dieu s'étant manifesté à Loth coupable et repentant, lui donna trois branches : de figuier, de noyer et de chêne; il lui commanda de les planter à cet endroit et de les arroser avec l'eau du Jourdain, lui promettant, en signe de pardon, de les faire reverdir quand le moment serait venu. Les rameaux poussèrent, en effet, et leurs essences se confondirent. Salomon, lors de la construction du temple, épargna l'arbre de l'Expiation, qui devint la croix du Christ.

Un affreux sentier, pompeusement décoré du nom de route, mène en deux heures de Jérusalem à Bethléem. Le pays est varié, sinon joli, et l'intérêt est soutenu par les souvenirs bibliques que l'on rencontre chemin faisant : le puits où l'étoile se montra de nouveau aux rois mages, le couvent grec de Mar-Elias, où le rocher conserve encore l'empreinte du corps du prophète Elie, qui s'y reposa en fuyant la colère de Jézabel, enfin la tombe où Rachel trouva le repos et la consolation qu'elle avait refusés pendant sa vie.

Bethléem se résume en un seul mot: la crèche.

C'est le soir surtout, à la lueur des cierges, dans le silence et le recueillement, qu'il faut s'agenouiller dans cette grotte vénérée.

Un escalier sinueux et étroit y conduit ; les parois du roc ont conservé leur nudité et parlent d'autant mieux à l'âme que pénètre une douce émotion ; on voudrait prier longtemps dans ce sanctuaire béni, sous l'enfoncement de la crèche, auprès de cette étoile d'argent qui porte gravé : *Hic de Virgine Maria Jesus-Christus natus est*. D'autres souvenirs pieux se groupent sous la protection du divin berceau : la retraite où se tenait saint Joseph ; la citerne qui servit de tombeau aux saints Innocents, touchant rapprochement entre deux prémisses du grand drame ; plus loin, l'oratoire de saint Jérôme, non moins illustre par l'austérité de sa pénitence que par ses admirables écrits, la tombe qui renferme, réunies, les cendres de sainte Paule et de sa fille sainte Eustochia. Un portrait des deux saintes les représente mortes déjà, mais quelque chose de céleste resplendit sur leurs traits glacés.

A quelque distance de la ville, on révère une

grotte où la sainte Vierge se reposait en nour-
rissant l'enfant Jésus. Quelques gouttes de lait,
dit-on, s'y répandirent, et aussitôt les parois
et le sol devinrent blancs; depuis lors, les fragments que les femmes y recueillent ont, à leurs
yeux, une vertu merveilleuse qui vaut à leurs
nouveaux-nés un lait plus abondant; un petit
sanctuaire consacre ce souvenir. Du plateau où
il est situé on jouit d'une vue ravissante sur
le village des Pasteurs, sur le coteau boisé
où ils veillaient leurs troupeaux, lorsque les
Anges leur apparurent; sur le champ de Booz,
théâtre de la touchante histoire de Ruth; sur
le couvent des Franciscains et sur Bethléem,
ville de quatre mille habitants, tous chrétiens.
Ses maisons propres, blanches, gracieuses,
s'étagent coquettement sur le revers de la montagne, et les Bethléemites contribuent à les
embellir. Dans leur jeunesse, elles sont presque
toutes charmantes. Douées d'une grande fraîcheur et de beaux yeux noirs, au regard doux
et triste, elles se drapent à ravir, dans un voile
blanc qui encadre leurs traits sans les cacher
et qui, rejeté en arrière, laisse voir leurs cor-

sages rouges brodés, leurs jupes aux couleurs vives et les chapelets de pièces d'or et d'argent dont elles ornent leurs cheveux, leurs bras et leur cou.

Ce costume est en vérité très élégant : on ne sait s'il embellit les jeunes filles, ou s'il reçoit d'elles sa grâce. Quoi qu'il en soit, c'est une rare exception en Orient, et on est heureux de le constater.

La pluie, le froid et la neige nous ont interdit Hébron, mais nous ne quitterons pas la Palestine sans saluer le Jourdain.

Dans ce but, nous sortons de Jérusalem par la porte de Jaffa, d'où un sentier escarpé descend à la fontaine de Job.

La vallée du Cédron, aride sans compensation, près de Jérusalem, devient imposante quelques lieues plus loin. D'immenses rochers à pic, déchirés et tourmentés, la dominent, et la route en corniche qui les gravit lentement aboutit au couvent de Mar-Saba, construit par les Grecs en l'honneur de saint Saba, pieux cénobite du quinzième siècle, qui vivait dans une caverne à l'extrémité de cette vallée solitaire. Les moines le regardent comme leur fondateur, et les nombreux présents qui lui sont offerts font de son sanctuaire, l'un des plus riches de la Syrie. La disposition intérieure du monastère offre, paraît-il, un curieux dédale d'escaliers, de couloirs, de constructions, de cellules taillées dans le calcaire : mais la règle, farouche ou prudente, en interdit sévèrement l'entrée aux femmes.

Un palmier, planté dans une cour par saint Saba, semble cependant leur être dédié par les vertus fécondantes qu'on attribue à ses fruits.

De Mar-Saba à la mer Morte, le chemin traverse des ravins et des montagnes d'une nature volcanique, déserte, dénudée, triste et pourtant empreinte d'une certaine grandeur et d'une sorte de beauté sauvage. De temps à autre, un bédouin à cheval, indice du voisinage de quelque tribu nomade, apparaît un moment sur une cime, puis s'élance au grand galop sur la pente escarpée.

Sous la protection d'un cheik bédouin, à qui nous avons payé rançon, et d'une escorte de soldats turcs, nous nous rions de ces alertes, tout en nous tenant sur la défensive ; et le soir, auprès des feux du bivouac, nous assistons aux danses des bédouins qui s'ébattent à grands renforts de cris et de gestes, avec intermèdes de pistolets et de sabres.

Les eaux de la mer Morte, limpides, transparentes, trompeuses, font naître par leur vue attrayante une soif que leur saveur saumâtre ne peut qu'irriter, loin de la satisfaire. Pas un être vivant ne se montre dans ses flots ou sur ses bords ; partout où atteint son écume la végétation disparaît, tout ce qu'elle touche meurt. Les rives du Jourdain, au contraire, sont riantes, ombragées, pleines de fraîcheur. La fontaine d'Elisée est aussi une charmante oasis : ses eaux, depuis que le prophète en corrigea l'amertume en y jetant une poignée de sel, coulent en murmurant dans la plaine de Jéricho. De cette ville point ou peu de souvenirs, sauf une tour dont la tradition fait la maison de Zachée, et qui sert actuellement de corps de garde. Les ruines d'un couvent et de quelques aqueducs se montrent à demi dans de jolis massifs de l'arbre qui porte le baume.

La plaine de Jéricho est fermée par le mont de la Tentation, et par celui de la Quarantaine. Malheureusement les grottes, dont on aperçoit l'orifice, sont à peu près inaccessibles; celle de la retraite de Notre-Seigneur avait été transformée en sanctuaire par les Franciscains, mais des accidents nombreux et graves l'on fait abandonner aussi.

Pour regagner Jérusalem, il faut affronter de nouveau le dangereux passage des montagnes arides et pierreuses. On y rencontre une fontaine, celle des Apôtres; une foi, un peu trop ardente peut-être, y a placé la parabole du bon Samaritain. On traverse aussi Béthanie, joli village où l'on voudrait trouver plus de vestiges certains de Lazare et de ses sœurs; à peine un souvenir pieux désigne-t-il la maison de Marthe et de Marie, et le tombeau de leur frère.

Vingt jours environ se sont rapidement écoulés dans ces saints et émouvants pèlerinages. Ils compteront dans ma vie par les profondes impressions que j'emporte plus que par leur courte durée dans le temps. Mais ce n'est point par le nombre des jours qu'il faut mesurer la vie, c'est par l'aliment qu'elle donne à notre intelligence, par la nourriture forte et substantielle dont notre âme a besoin. Tel a plus véritablement vécu, dans l'espace de quelques heures, que d'autres durant des mois entiers de cette existence factice et stérile où le monde avec ses exigences ne laisse de place qu'à la vanité et aux plaisirs frivoles. Je remercie Dieu de m'avoir permis de puiser à une source plus vivifiante, je lui rends grâce de m'avoir amenée sur cette terre féconde en prodiges, qui conserve, en traits ineffaçables, les marques de sa miséricorde et l'arrêt de sa justice.

1er Mars. — Nous disons adieu à Jérusalem, et du haut de la montagne voisine nous donnons un dernier coup d'œil à la Ville sainte dont la tristesse désolée se mêle à un souvenir de grandeur qui pénètre l'âme et y laisse une douce mélancolie.

Pendant les deux premières journées de marche, la route côtoie des torrents desséchés et serpente à travers de laides montagnes d'une aridité qui donne soif. Le village de Béthel, où la sainte Vierge s'aperçut de la disparition de l'Enfant Jésus, est un campement maussade, et à quelques lieues, le puits de Jacob ne rappelle guère le paysage gracieux dont l'entourent les peintres. C'est là que Jacob vit, dans son sommeil, l'échelle mystérieuse où des anges montaient et descendaient, et que,

pour consacrer la mémoire de sa vision, il
changea le nom de Luza porté par ce lieu, en
celui de Béthel, c'est-à-dire, maison du Seigneur. Ce souvenir biblique s'est fondu dans la
touchante histoire du Christ et de la Samari-
taine, dont la fontaine a pris le nom. Un peu
au delà, la vallée s'élargit, s'égaie et se couvre
d'arbres au milieu desquels surgit gracieusement Naplouse avec ses murailles crénelées et
ses rues coupées d'arceaux et de voûtes. Cette
ville, l'ancienne Sichem si souvent mentionnée
dans la Bible, s'adosse fièrement au mont Ga-
rizim choisi par les Samaritains, en haine de
Sion, pour offrir leurs sacrifices. Elle est entourée d'une ceinture d'oliviers centenaires,
sous lesquels fuit un clair ruisseau.

On voudrait y laisser longtemps sa tente, il
faut la lever dès l'aube cependant.

Nous rentrons dans Naplouse pour admirer
le magnifique portique de l'ancienne église
des Croisés, qui rappelle celui du Saint-Sépulcre, et voir, dans la synagogue, le très
célèbre manuscrit du Pentateuque tracé en
caractères hébraïques, tandis que le texte

d'Esdras, rétabli après la captivité, est en caractères syriaques.

Prétendre que ce manuscrit est de la main de Moïse, comme on nous l'a dit, c'est ce que de plus habiles que moi ont à décider.

Nous nous acheminons ensuite vers Samarie, la ville du schisme, l'implacable ennemie de Jérusalem. Les ruines d'une église romane y consignent le souvenir de la décollation de St Jean-Baptiste; et l'on retrouve, au sommet de la montagne, la plupart couchés dans le sable, les restes des nombreuses colonnes de granit qui jadis conduisaient au temple de Baal par une avenue triomphale.

En quittant Samarie, nous traversons la plaine d'Esdrelon, entourée de montagnes verdoyantes, bien arrosée, bien cultivée, triste pourtant par son silence et le manque complet d'animation. C'est là, près du puits de Dothan, que Joseph fut vendu par ses frères. Nous passons à Djénin, et à mesure que nous approchons de Nazareth, de petits bois d'oliviers aux troncs noueux ajoutent la tristesse de leur feuillage terne et gris à celle du paysage.

Bientôt la route escalade des pics nus et dévastés, du sommet desquels l'œil embrasse un panorama étendu, mais monotone. Enfin, à un détour du sentier, Nazareth se montre tout à coup avec ses maisons blanches qui s'étalent en gradins sur la côte et s'encadrent dans d'épaisses haies de cactus et de figuiers.

5 Mars. — Nazareth compte plusieurs fondations religieuses; malheureusement, elles n'ont pu sauver les vestiges du passage du Christ de l'effacement presque complet où ils sont aujourd'hui. Une chapelle délabrée remplace la synagogue où Jésus donnait son enseignement. De l'atelier de saint Joseph il ne reste rien; de la maison de la sainte Vierge, transportée par les anges à Lorette vers la fin du treizième siècle, on voit du moins l'emplacement renfermé dans l'église des Franciscains. Nous y visitons des grottes qui faisaient partie de l'habitation de la sainte famille, et conservent le souvenir des humbles soins de ménage auxquels elles étaient consacrées. C'est dans l'une d'elles, selon la tradition, que se passa la grande scène de l'Annonciation. Les Franciscains élèvent également un Sanctuaire autour d'un bloc de rocher sur lequel Jésus prenait son repas avec ses premiers disciples. Les Grecs possèdent un riche oratoire, tout contre le puits près duquel l'ange, disent-ils, apparut à la Vierge. Cette fontaine, qui s'écoule extérieurement dans un réservoir, nous offre le gracieux tableau de jeunes filles, au type sérieux et au costume biblique, qui viennent chaque soir puiser de l'eau dans des urnes de forme antique.

6 Mars. — L'ascension du Thabor est pénible; mais on trouve une large compensation de cette fatigue dans le magnifique panorama dont on jouit à son sommet; car cette montagne, arrondie comme une bosse de chameau, dresse superbement sa tête au-dessus de tous les pics voisins qu'elle domine. Sa cime est semée de débris de constructions appartenant à tous les âges, sans omettre l'ère romaine, de vieux arbres les ombragent, et le touriste est tenté de s'écrier comme les apôtres : « Il fait bon ici, demeurons-y. »

De Nazareth à Tibériade par le Thabor, la route est inégale et monotone ; mais soudain, en arrivant sur le dernier plateau, la mer de Galilée nous apparaît comme par magie, ajoutant à la beauté du spectacle le charme de la surprise. Nous voyons à nos pieds toute la vallée de Tibériade, son lac paisible et bleu, réflétant une forteresse démantelée, ses vieilles murailles grises et ses maisons blanches, puis de l'autre côté, les montagnes s'étageant au-dessus de la plage, et à l'horizon, les neiges éternelles du grand Hermon. C'est un coup d'œil un peu triste à cause du manque de mouvement, mais bien grand, bien beau, que l'on n'oublie plus et que l'on voudrait écrire au pinceau parce qu'il échappe à la plume. A part ce prestige, Tibériade n'a que l'attrait des souvenirs qui s'attachent à son nom. Les juifs de tous les pays s'y donnent rendez-vous et présentent le curieux assemblage de leurs costumes variés. D'après leurs croyances, c'est à Tibériade que doit naître le Messie, et ils veulent placer leurs tombes sous la protection de son berceau.

En revenant par la ligne directe à Nazareth, nous gravissons le mont de la Multiplication des Pains et celui du Sermon des Béatitudes.

Toute cette route est ennuyeuse, le souvenir des noces de Cana, dont on traverse le bourg, ne suffit pas à l'égayer ; mais on en prise mieux, le lendemain, les belles plaines qui séparent Nazareth du Carmel. Cette montagne célèbre a donné son nom aux religieux qui l'habitent depuis plus de quatorze siècles ; elle joint à son admirable position sur la mer l'illustration de l'hôte vénéré qu'elle a reçu dans les temps anciens, le prophète Elie, dont on croit qu'elle a été la retraite, et à qui les moines font remonter la fondation de leur ère.

9 Mars. — Kaïffa est situé au pied du Carmel. En dépit de son origine phénicienne, rien n'y peut maintenant éveiller la curiosité, et l'on a hâte de gagner la belle plage sur laquelle se brisent les vagues de la Méditerranée. Nous la suivons jusqu'à Saint-Jean d'Acre, charmante petite ville, aux souvenirs nombreux ; ceux des Phéniciens, des Grecs, des Croisés, de Philippe-Auguste surtout, dont le nom la rend chère aux Français, ceux encore des Hospitaliers de qui le palais en ruines sert aujourd'hui d'hôpital, et finalement de Bonaparte qui, pour la première fois, vit pâlir, devant elle, son étoile triomphante. Le bombardement de 1840, à détruit aux trois quarts une belle mosquée de style mauresque aussi riche en sculptures, que légère de formes.

10 Mars. — Tyr, Sour en arabe, n'offre plus que de faibles traces de son ancienne splendeur. A peine quelques colonnes de granit renversées et à demi enfouies, une tour ruinée, à l'entrée du port, et un pan de l'église de Saint-Jean des Croisés.

A Saïda, l'ancienne Sidon, il reste peu de choses aussi. Les ruines d'un château de Saint-Louis s'encadrant dans un bois d'orangers, et le palais des Templiers placé sur un écueil battu des flots et relié à la terre par un pont de dix arches, c'est à peu près tout ce qui qui vaut la peine d'être cité. Cette route de quatre jours entre le Carmel et Beyrout est pleine de magnificence. Tantôt on chevauche sur le rivage, tantôt on escalade de hautes falaises, celle du cap Blanc entre autres, tantôt on passe à gué de jolies petites rivières. D'anciens aqueducs et des hypogées phéniciens, particulièrement ceux d'Ornithopolis, allument la curiosité, et le paysage tour à tour imposant ou gracieux est plein d'attrait toujours.

12 Mars. — Beyrout est une jolie ville, mais une ville moderne. Seules, deux vieilles tours posées dans la mer, comme des gardes avancées, y parlent encore des Croisés. Il faut donc, oubliant le passé, n'admirer que sa position; la part est belle encore. Elle s'étage sur un promontoire contre lequel se brisent les vagues si bleues de cette mer incomparable; des villas nombreuses se dessinent dans des massifs de verdure, et la chaîne du Liban lui forme une splendide couronne; au résumé, Beyrout est une ville charmante, mais le cachet oriental s'y efface graduellement sous les envahissements de l'Europe.

La plage nous attire toujours, on ne se lasse jamais de voir la mer! Nous la côtoyons, cette fois, sur l'ancienne route romaine taillée dans le roc et bordée d'inscriptions phéniciennes.

DAMAS — RHODES

Après avoir passé à gué le Nahr-el-Kall
(fleuve du Chien), dont l'antique pont nous
inspire peu de confiance, et remonté jusqu'à
sa source par un sentier difficile, dangereux
même, nous avons devant nous les montagnes
profondément accidentées de l'Anti-Liban.

Leur beauté grandiose et sévère captive notre
admiration, et même un peu trop longtemps,
car la nuit nous surprend. Un guide novice nous
égare; de là, hésitations, chutes, marches et
contre-marches, retards prolongés; et au retour, nous trouvons en grand émoi ceux que
nous avions laissés au logis.

La nouvelle route de Beyrout à Damas gravit

8.

péniblement les pentes du Liban dont le sommet, couronné de neige, contraste avec un soleil chaud et ardent. La vue plane sur Beyrout et la mer, puis elle embrasse la vallée du Liban et la chaîne de l'Anti-Liban. La descente est longue et tortueuse, néanmoins les voitures s'y hasardent. Des diligences dans le Liban! Les chevaux, heureusement, restent à qui les préfère. Nous suivons, dans la vallée, une route verte et unie qui passe à Ma'Allaka, devant un informe et long monument décoré par les Arabes du nom de tombeau de Noé, et aboutit à Balbek. Deux petits temples, assez bien conservés, nous préparent à l'admiration qu'impose l'ancienne ville du Soleil; le campement dans ses ruines est plein de poésie, de cette poésie triste, particulière à tout ce qui fait songer aux temps qui ne sont plus. Ces ruines sont presque toutes groupées dans une immense enceinte, où l'on parvient par deux vastes souterrains, d'un aspect imposant à la lueur des torches. Balbek est moins écrasant peut-être que Karnak, mais il semble plus complet et me plaît davantage. Les pierres cy-

clopéennes de l'enceinte, — quelques-unes
mesurent jusqu'à vingt mètres de long — rappellent les temples Egyptiens, et les sanctuaires offrent, dans leurs colonnes, dans leurs
plafonds surtout, des détails de sculpture d'une
richesse et d'un fini plus merveilleux encore.
Plusieurs de ces temples et leurs cours intérieures sont fort dégradés ; mais l'ensemble des
ruines conserve l'empreinte d'une beauté et
d'une grandeur contre lesquelles s'émoussent
les efforts des siècles.

De jolies filles au voile blanc, à la pose gracieuse, au frais sourire, viennent réclamer un
bachich ; partout des mendiants.

Après avoir gravi la première chaîne de
l'Anti-Liban, aride et affreuse, nous arrivons
à la plaine de Zebdani pour rentrer ensuite
dans les montagnes qui deviennent pittoresques et grandioses. Au fond d'une gorge profonde, le Barada se précipite, en écumant, de
rochers en rochers ; nous le franchissons sur
un vieux pont de pierre d'une seule arche, et
le côtoyons par un sentier en corniche, tâchant
d'oublier la déception de ne pouvoir saluer les

cèdres encore enfouis dans la neige. Bientôt,
nous atteignons les hauteurs de Dammar ; le
chemin contourne le rocher, et soudain la vallée de Damas nous présente un coup d'œil vraiment féerique ; la ville, ses minarets et ses
coupoles se détachent sur une riante ceinture de
verdure et de fleurs, fraîche oasis offrant un
contraste charmant avec les chaudes teintes
du désert qui l'entoure. Des lacs s'aperçoivent
au loin, et le sommet des montagnes de Pal-
myre se perd dans les teintes vagues et bleuâtres de l'horizon où blanchissent encore les
neiges du Grand-Hermon.

21 Mars. — Damas est certainement une
des villes les plus curieuses de l'Orient, dont
elle a conservé le style, le cachet et les costumes dans toute leur pureté. L'Europe est
exclue de ses bazars couverts ; ses mosquées
sont nombreuses et leur entrée sévèrement
interdite aux profanes ; ses khans offrent
leur abri aux caravanes marchandes, ses
bains sont revêtus de faïences aux couleurs
éclatantes, enfin ses maisons, peintes et scul-

ptées, ont une empreinte uniforme et particulière.

En voici les dispositions intérieures, assez
ordinairement les mêmes : un étroit couloir
donne accès à une cour ombragée, pavée de
marbres et rafraîchie par des fontaines coulant
dans des vasques de marbre; de grandes
pièces élevées, couvertes de tapis et garnies de
divans, s'ouvrent sur cette cour, et rien ne
saurait égaler la richesse de décorations qui y
est prodiguée. Ce n'est que boiseries découpées, dorées, rehaussées d'incrustations de
nacre et de glaces, plafonds et rosaces peints
et sculptés, murailles couvertes d'arabesques.

On se croirait volontiers revenu au temps
des *Mille et une Nuits*, alors que Damas était
la capitale de l'Islam.

Quelques alertes, une razzia et des massacres assez récents, interdisent les excursions;
mais le consul de France, M. Hecquart, s'em-
presse à nous faire les honneurs de la ville.
Il nous initie à la musique et aux danses
Arabes, et nous ouvre les maisons de quelques
familles juives chez qui les femmes conservent

la beauté du type de leur race. Un mariage nous permet de voir toute la richesse de leurs costumes et les cérémonies qui l'accompagnent nous intéressent vivement.

En l'absence d'Abd-el-Kader, en pèlerinage à la Mecque, nous obtenons, ma mère et moi, l'entrée de son harem dont la décoration est fort simple. Sa première femme, la seule compagne de sa captivité, y règne toujours en souveraine; mais il en a plusieurs autres parmi lesquelles je remarque une Circassienne et une négresse vraiment jolies. Les femmes de ses fils se groupent aussi autour de nous avec leurs enfants qui portent aux jambes des bracelets ornés de grelots.

Le quartier chrétien ruiné, pillé, brûlé, gisant dans les cendres offre un spectacle navrant. Le feu et le fanatisme ont remplacé par des ruines un tiers de la ville, contenant vingt et quelques mille individus; les établissements et les églises des Fransciscains, des Lazaristes et des Sœurs de Charité sont anéantis; les Franciscains ont été égorgés sur leur autel dont nous avons recueilli des fragments comme

de vraies reliques. La sécurité n'ose pas re-
naître, quelques maisons à peine commencent
à sortir de leurs décombres. Le cœur se serre
au souvenir de tant de massacres, et l'empreinte sanglante dont ses ruines sont mar-
quées ne s'effacera pas de longtemps.

29 Mars. — En quittant Damas, pour rentrer
à Beyrout, nous suivons une route charmante
qui, côtoyant une jolie rivière, serpente d'abord
à travers des vergers, puis s'enfonce dans des
gorges déchirées, belles et horribles.

Une tourmente de vent et de pluie nous y
surprend, l'ouragan se prolonge; pendant la
nuit, il arrache nos tentes et provoque une
scène de confusion lamentable et comique tout
ensemble. Le retour du jour ne calme pas la
tempête, nous sommes mouillés et transis; il
faut se remettre en route néanmoins et traverser le Liban. Quelle triste rentrée à Beyrout !

5 Avril. — Nous sommes au soir de Pâques;
du pont de l'*Adria*, nous disons adieu à Beyrout
que le soleil inonde de ses rayons, et qui s'en-

fonce graduellement dans les flots. Jusqu'à Rhodes la traversée est uniforme, car les rives de l'île de Chypre ne laissent pas soupçonner la beauté vantée de ses sites.

Pour charmer nos loisirs, nous avons la ressource d'épier les mœurs d'un harem qui voyage avec nous. Alim-Pacha, le ministre nommé de la justice, se rend à son poste de Constantinople, et il traîne ses femmes à sa suite, sous la garde de grands eunuques noirs à la mine farouche. Mes compagnons hommes sont tenus à distance, en revanche j'obtiens mes entrées. Toutes ces femmes sont de vraies enfants, de quinze à dix-huit ans pour la plupart; elles passent leurs journées entières dans l'oisiveté, jouant entre elles et se lutinant, buvant du café et des sirops, grattant une sorte de guitare, faisant danser et chanter des esclaves qu'elles ornent de leurs joyaux : une dame de certaine importance, une cadine, dérogerait en se parant elle-même de ses bijoux. Elles se promènent sous la garde de ces mêmes esclaves et tâchent de tuer, de leur mieux, un temps qui doit, quand même, leur paraître bien long.

Les femmes turques ne répondent pas à l'opinion que l'on aime à s'en créer.

Les pachas, sans doute, les choisissent au poids et presque enfants encore, Elles ne semblent déjà plus que d'informes masses à la démarche pesante et disgracieuse, leur teint est d'une éblouissante blancheur, mais elles manquent de physionomie. Peut-être l'ignorance dans laquelle elles végètent ne permet pas à leurs facultés de se développer complètement. Leurs yeux, agrandis par la peinture dont elles les entourent, ont de l'éclat; mais ils brillent et ne reflètent rien. Leurs costumes sont négligés et sans grâce, cependant les couleurs claires en égaient l'ensemble, et elles se voilent juste assez pour faire ressortir leur beauté.

Les gendres d'Alim-Pacha et les officiers de sa suite nous amusent aussi; l'un d'entre eux, qui était naguère attaché à l'ambassade ottomane en France, nous raconte, dans un jargon fort drôle, ses impressions sur Paris, les aventures qu'il y a rencontrées et dans lesquelles il a éteint son fanatisme musulman. Le bal de l'Opéra lui a plu spécialement, quoique son début n'y ait pas été heureux : son guide, quelque mystificateur sans doute, lui ayant persuadé qu'un simple remerciement répondait avec trop de froideur aux amabilités des dominos, enrichit son vocabulaire d'un mot qui, bien que prononcé sentimentalement, l'a fait huer et chasser.

Pendant que nous causons, le soleil se cache dans un ciel gros d'orages. Des trombes marines se dressent autour de nous, mues en tourbillons par le vent. Nous comptons jusqu'à neuf de ces colonnes d'air et d'eau qui relient le ciel à la mer : phénomène curieux à observer s'il n'était accompagné de trop d'émotion. Le capitaine en conçoit de vives alarmes qui se dissipent cependant : la tempête s'éloigne sans nous causer de dommage, et l'aube nous monre la rade de Rhodes, cette île aux glorieux souvenirs.

Les instants nous sont parcimonieusement comptés et nous parcourons rapidement la rue des Chevaliers, dont les écussons se détachent sur les sculptures des portes et des fenêtres.

Le grand palais dresse encore fièrement sa double rangée de cloîtres en ogives ; des armures sont toujours accrochées dans la salle d'armes, devenue arsenal ; les tours, les forts, les portes d'entrée sont debout. Seule l'église de Saint-Jean a disparu, entraînant dans sa chute les maisons voisines.

En 1856, la foudre y tomba et détermina l'explosion d'une poudrière ignorée que les Chevaliers avaient pratiquée sous leur cathédrale. Quelques jours à peine après notre passage, un tremblement de terre continuait cette œuvre de destruction en renversant la grande tour carrée qui défendait l'entrée du port, auprès des deux rochers à fleur d'eau, où les marins voient encore l'emplacement du Colosse, septième merveille du monde ancien.

En quittant Rhodes, nous naviguons entre une suite d'îles et de rochers, dont les formes et l'entassement me font parfois songer, toute comparaison à part, aux lacs agrestes et aux monts escarpés de la Suisse. Nous découvrons ensuite la ville de Smyrne au fond de son golfe, appuyée contre le mont Pagus que couronne un vieux fort génois.

La vue d'ensemble est belle; mais de près, Smyrne à peine entrevue du reste ne me semble pas répondre à ce qu'elle promet de loin.

Ephèse n'a été pour moi qu'une mystification! Un chemin de fer d'abord, puis une plaine autrefois couverte d'une ville qui fut célèbre, mais aujourd'hui semée à peine de quelques rares et informes débris parmi lesquels on cherche en vain ceux du temple fameux de Diane.

L'*Adria* chemine en vue de terre, il laisse derrière lui la triste et aride Troade, et bientôt les Dardanelles au fond desquelles blanchissent les cimes de l'Olympe; puis le soir venu, il entre dans la mer de Marmara pour nous ménager au réveil la surprise du Bosphore.

CONSTANTINOPLE

12 Avril. — L'arrivée à Constantinople est éblouissante. Le Bosphore ne saurait être trop vanté, il défie les exagérations des voyageurs et surpasse les caprices de l'imagination. Comme bienvenue, un bal nous attend au palais de France ; l'ambassadeur veut compléter l'admiration par le plaisir. Danser en présence des splendeurs de l'Orient quel contraste ! Il n'est pas à l'avantage des danseurs.

Le Bosphore est la merveille de Constantinople. De quelque côté qu'on l'aperçoive, il est majestueux et magnifique. Ses rives sont une suite de féeries qui se prolongent jusqu'à la mer Noire. Tour à tour c'est le panorama de Stamboul et de la Corne d'or, avec ses palais et ses minarets, les îles des Princes, la tour de la Jeune Fille avec ses poétiques légendes copiées sur celles de Héro et Léandre; Péra, le quartier franc et la tour de Galata qui le domine d'une hauteur d'aigle; Top-Hané avec sa fonderie de canons, sa mosquée et sa fontaine si jolie; Dolma-Baghtché, résidence habituelle du Sultan, surchargée de lourdes décorations du style turc moderne; enfin Scutari et son champ des morts, où une vaste forêt de cyprès ombrage des pierres tumulaires pressées les unes contre les autres, peintes, dorées, presque coquettes.

En Turquie, les tombeaux n'évoquent aucun souvenir triste, ils inspirent à peine une pensée grave. Les Orientaux entourent d'une sorte d'animation le champ du repos éternel. Dans les cimetières, les hommes se promènent en causant gravement, les enfants courent et jouent, et les femmes se rassemblent autour d'une tombe aimée pour babiller, fumer, boire du café et croquer du bout de leurs jolies dents, les effroyables sucreries du pays.

Scutari et Kadï-Keui s'adossent au Boulghourlou, du haut duquel on jouit d'une vue superbe sur Constantinople, la mer de Marmara, le golfe de Nicomédie, les montagnes de

Brousse et l'Olympe qui termine l'horizon. En continuant la promenade sur le Bosphore, on voit, c'est-à-dire on admire sur la côte de l'Europe : Orto-Keni et Bebeck, dont les palais de bois servent d'asile, en été, aux sultanes; Roumili-Hissar, imposante forteresse bâtie par Mahomet II au sommet de roches escarpées. C'est de cette aire que s'élança le Croissant pour subjuguer Constantinople. En face sur la côte d'Asie, il ne reste que des ruines du château de Guzel-Hissar construit par le même Mahomet ; elles contrastent avec un beau palais de marbre blanc, tout neuf, dont les terrasses s'avancent dans les flots.

Un peu plus loin, le mont Géant domine des collines qui s'abaissent pour former un frais vallon verdoyant et gracieux, où le Gueuk-Sou (ruisseau céleste) coule sous les arbres. La sultane Validé, mère d'Abdul-Medjid, y a élevé un kiosque autour duquel les paresseuses beautés des harems se réunissent en été. Ce sont les Eaux-Douces d'Asie.

Thérapia et les palais d'été des ambassadeurs nous rappellent sur la côte d'Europe.

Au-delà du gofe du Buyuk-Deré, les rives du Bosphore se resserrent, empruntent leur beauté sévère à des pics hardis, à des gorges profondes et pittoresques, où la main de l'homme ne se fait pas sentir. L'entrée de la mer Noire est gardée par des phares et défendue par les îles Cyanées, immenses rochers noirs qui se dressent au milieu des flots et que la fable assigne pour prison à Jason. Au-delà bleuissent les vagues de la mer, et le regard, perdu dans un horizon dont il cherche en vain les limites, emporte la pensée vers cet infini qui la captive toujours sans qu'elle puisse le comprendre jamais.

Revenons à Constantinople que le Bosphore éclaire de tous les reflets de sa beauté. Là, plus que dans aucune ville de l'Orient, il faudrait vivre exclusivement par les yeux et ne pas aborder de trop près ce qui cause leur juste ravissement; car les rues sont montueuses, obscures, humides, infectes et semées, plutôt que pavées, de grosses pierres inégales. Le sérail, si bien assis à l'extrémité de la Corne-d'Or, est la demeure officielle du grand Seigneur et la prison des femmes du Sultan précé-

dent, pauvres recluses, condamnées à un veu-
vage perpétuel.

Il n'y a pas de palais proprement dit, mais
une série de pavillons ayant chacun leur desti-
nation particulière : divan, bibliothèque,
trésor, salles de réception, de conseil, etc.
Les jardins sont embellis de kiosques légers
et élégants, surtout celui de Bagdad, charmante cage de bois, peinte et dorée, selon les
coquetteries du style persan. Dans les parter-
res fleuris qu'ombragent d'immenses cyprès,
devant l'ancienne église de Sainte-Irène transformée maintenant en arsenal, on montre le
tronc vermoulu d'un de ses arbres qui servait de point de rendez-vous aux janissaires
au temps de leur puissance. Tout près, trois
beaux sarcophages et une colonne à chapiteau
corinthien, datant de Théodose, reportent la
pensée vers les anciens âges. En sortant du
sérail par la porte Bab-el-Umaioum, quelques
anneaux fichés dans des niches éveillent des
souvenirs d'un autre ordre. C'est là qu'étaient
suspendues les têtes des pachas décapités.

Comme s'il eût voulu donner un contraste à

9.

cette funèbre image, Achmet III a fait construire sur cette place une ravissante fontaine de marbre blanc, rehaussée de dorures, aux toits retroussés en forme de pagode chinoise.

Enfin on arrive à Sainte-Sophie, ici, hélas! raconter est bien ingrat. Une couche de badigeon recouvre une grande partie des mosaïques d'or qui décoraient la basilique; mais la transformation que lui imposèrent les Musulmans n'a pu détruire la grandeur et la magnificence dont Justinien s'était plu à la revêtir. Elle a toujours sa coupole et ses galeries, ses colonnes de brèche verte apportées du temple de Diane à Ephèse, celles de porphyre enlevées au sanctuaire de Jupiter à Balbeck. Tous ces chapiteaux sont des chefs-d'œuvre de marbre sculpté. Sainte-Sophie est riche aussi en légendes. Une colonne, dit-on, suinte perpétuellement par je ne sais quel privilège; une autre porte l'empreinte de la main sanglante de Mahomet-le-Conquérant; une fenêtre près du mihrab laisse pénétrer un air toujours frais, et une pierre transparente scintille avec un singulier reflet aux rayons du soleil. D'après une tradition venant d'une autre source, un prêtre qui célébrait la messe au moment de l'invasion, vit une porte s'ouvrir soudain, il s'y élança avec les vases sacrés, et le mur se referma sur lui, mais lorsque Sainte-Sophie sera rendue aux chrétiens, la porte se rouvrira et le prêtre viendra achever le sacrifice interrompu.

Outre Sainte-Sophie, la plus riche des mosquées, l'islamisme compte à Constantinople, une foule de sanctuaires. Dans le nombre se distinguent : la mosquée d'Ahmed avec ses six minarets élancés, celle de Soliman-le-Magnifique, nommée la Suleimanieh et ornée de belles verrières et d'innombrables coupoles; celle de Bajazet, où une dotation spéciale est consacrée à la nourriture de plusieurs milliers de pigeons, heureuse lignée d'un couple de ramiers acheté à un mendiant par ce sultan charitable. Le turbé du sultan Mahmoud renferme les tombes dorées, argentées, enrichies de pierres et d'étoffes précieuses, de la famille d'Abdul-Medjid.

Les bazars de Constantinople sont voûtés et magnifiques. On y passe des journées à flâner,

pour dire le vrai mot, bien que non académi-
que. La curiosité trouve sans cesse un aliment
nouveau, surtout au Bézestein, grande rotonde
où viennent s'étaler de seconde main, les riches
armes, les curieux coffrets, les bijoux, les anciennes porcelaines, les belles étoffes, toutes
les curiosités enfin de la vieille Turquie ou les
défroques des harems en faillite.

De l'antique Bysance il ne subsiste plus de
trace, la ville des Césars en offre davantage,
entre autres, sur la place l'Atmeïdan, un obélisque en granit de Syène apporté d'Egypte
par Théodose; une pyramide murée; la colonne Serpentine, sur laquelle la pythonisse de
Delphes rendait des oracles; un peu plus loin,
les colonnes de Constantin, de Marcien et
d'Arcadius, toutes trois à demi calcinées par
les incendies qui trop souvent dévastent Stamboul : enfin l'aqueduc de Valens et plusieurs
citernes parmi lesquelles on remarque celle
des Mille et une Colonnes, ainsi nommée sans
doute parce qu'elle n'en compte que **224**, qui
n'en semblent pas moins une forêt pétrifiée enfouie dans le sol. Les ogives qui les relient en

se perdant dans l'ombre d'une permanente obscurité, sont d'un effet assez original.

A l'extrémité de Constantinople, du côté opposé à Péra, se trouve le château des Sept-Tours, prison d'Etat fort dégradée aujourd'hui, mais témoin à une autre époque de bien des exécutions mystérieuses. C'est là qu'étaient renfermés, comme mesure préventive, les ambassadeurs des puissances en guerre avec La Porte. D'un côté, cette forteresse domine la mer, et de l'autre, elle termine les murailles de la ville, fortes jadis, crenelées et défendues par des tours nombreuses, mais en ruines maintenant; elles ne protègent plus de leur ombre qu'un vaste cimetière où gît, oublié, le fameux Ali de Janina, de sanglante mémoire.

La promenade au château des Sept-Tours conduit à celle des Eaux-Douces d'Europe, jolie vallée où les femmes se donnent rendez-vous en attendant que l'été les entraîne sur la rive d'Asie. Elles s'y réunissent le vendredi, auprès de la petite rivière de Barbysès, formant des groupes gracieux sous de grands platanes, puis, le soir venu, lorsqu'elles ont suffisamment

devisé et fumé au son d'une musique un peu
criarde, les indolentes beautés reprennent le
chemin du harem sous la garde des esclaves.
Les unes s'entassent dans des talikas, sorte de
voitures rondes et ornées de guirlandes de
fleurs, peintes comme des bonbonnières, ou
dans des arabas, charrettes dorées, traînées
par des bœufs blancs que décorent des bouf-
fettes de rubans. Les autres reviennent non-
chalamment étendues sur des coussins, dans
des caïques, berceaux fragiles, gracieux de
forme et tenus en équilibre sur les vagues, ou
le moindre mouvement les expose à verser.

Une visite à la forêt de Belgrade est le complément obligé d'un séjour à Constantinople.
Cette course initie à l'aspect intérieur de la Turquie, aspect triste, sol aride, quoiqu'il soit sus-
ceptible de fertilité. Les tribus errantes des Bul-
gares en défrichent seules quelques parcelles.
Les routes presque impraticables escaladent des
montagnes nues et monotones. Mais la forêt est
charmante, surtout à cette époque de l'année,
où la jeune verdure du printemps encadre coquettement de petits villages, de grands étangs

et les immenses aqueducs de Justinien. Ce sont de frais tableaux, dignes de ceux de Suisse, et que l'on aimerait à regarder longtemps.

30 Avril. — Le *Meinam* lève l'ancre, le Bosphore nous apparaît une dernière fois, illuminé par les reflets argentés de la lune. Notre attention se porte sur les compagnons que les hasards du voyage nous associent. Ce ne sont plus les Franciscains, ni les Filles de Sion du Jourdain, ni les harems de l'Adria. Ici, un pauvre fou, presque nu sur le pont, s'absorbe dans un triste monologue : un même coup du sort lui a enlevé sa femme, sa fille et sa fortune, puis sa raison les a suivies. Là, un amateur joue de la flûte pour amuser ses perruches et ses singes; plus loin, un jeune pacha fort malade va demander à Vienne espoir et guérison; partout des groupes de gens affairés ou de touristes ne songeant qu'à leurs plaisirs.

2 Mai. — Voici les côtes élevées, mais nues et stériles de la Grèce ; le Pirée, ce célèbre port d'Athènes qui s'appelle aujourd'hui Porto-Leone.

Un voyageur me dit qu'avant Thémistocle il n'existait ici qu'une bourgade. Je consigne ce renseignement qui a le mérite de l'antiquité. On me montre ensuite le tombeau du vainqueur de Salamine creusé dans le rocher et perdu dans la blanche écume des vagues. C'est tout ce que la gloire a donné au héros, un peu plus que les Athéniens qui l'exilèrent.

Byron venait souvent rêver près de ce tombeau, je voudrais connaître ses réflexions, non celles qu'il écrivait, celles qu'il se faisait à lui-même. — Mais le soleil brílle, le ciel est pur, les fleurs embaument l'air. Je vais me promener.

La plaine d'Athènes ne mérite ni les élo-
ges exagérés, ni les critiques amères qu'on
en fait. Elle est verte, assez bien cultivée,
semée çà et là de bouquets d'oliviers et sil-
lonnée de belles routes. La ville est neuve
encore et partant sans caractère; mais elle est
bien placée, au pied de montagnes hardiment
découpées, puis elle a son Acropole! La glo-
rieuse ruine se dresse au milieu de la plaine,
sur un roc élevé dont une vaste enceinte couronne le sommet. Là se voient avec une admiration que les siècles n'ont pu refroidir, les
riches colonnades du Parthénon, les Propylées
et leurs escaliers de marbre blanc, l'Erecthéon
et ses statues, tous ces imposants débris, ces
sculptures, ces statues mutilées et belles encore, chefs-d'œuvre qui seront à jamais le
triomphe de l'art et son modèle inimitable.
Puis encore, quel fond de tableau! l'Hélicon,
l'Hymette, Marathon, les Thermopyles et tant
d'autres lieux célèbres, dont les heures trop ri-
goureusement comptées nous laissent à peine
le temps de demander le nom.

Au pied de l'Acropole, sous sa protection, en

quelque sorte, se trouvent les ruines des arènes et des théâtres, la prison de Socrate, la tribune de Démosthène, le temple de Thésée, vraie miniature de la Grèce ancienne, et enfin la ville moderne avec son palais et ses jardins déserts, puisque le roi Othon s'est enfui et que personne ne veut de ce pauvre trône.

A Athènes, Charles nous quitte, des affaires urgentes l'obligent à se séparer de nous. Ce départ est le prélude de la dispersion de notre cavarane, le premier coup qui sonne de la dernière heure de notre réunion, et cela serre le cœur de voir les jours heureux s'envoler si vite.

3 Mai. — Nous avons quitté le *Meinam*, nous attendons le *Pluton*, et la journée se passe devant Syra, si pittoresquement échelonnée sur une montagne aiguë comme un pain de sucre, et dont l'église Saint-Georges couronne la cime.

4 Mai. — Le *Loyd*, qui nous porte, double le cap Matapan et longe les côtes escarpées de la

Morée, laissant Navarin derrière lui. Nous saluons, en passant, le rocher stérile et nu que l'on nomme encore Cythère. Hélas! hélas! en notre siècle, où toute poésie s'efface, qu'est devenue cette pauvre île tant chantée? Corfou, où nous touchons le lendemain, nous dédommage. C'est un vrai nid de verdure, de fleurs, de parfums, un bouquet d'orangers fleuris, entouré de haies de rosiers, un délicieux Eden en miniature.

8 Mai. — Les côtes de la Dalmatie sont riantes et belles. Nous ne nous y arrêtons pas, notre course se précipite. Voici déjà Trieste, c'est-à-dire l'Europe civilisée que nous avions désapprise. Une ville neuve, populeuse, bruyante, de hautes maisons blanches soigneusement alignées sur de larges rues bien pavées; des cafés, des théâtres, des boutiques dont l'adroit étalage symétrique remplace mal le pittoresque pêle-mêle des bazars orientaux, telle est Trieste, au demeurant, une belle ville dans toute l'extension du mot. Nous la fuyons, cependant, pour gravir la montagne boisée du

Jaeger, en quête d'un rendez-vous de chasse, et pour suivre le rivage jusqu'au château de Miramar, construit par l'archiduc Maximilien dans un style semi-gothique, semi-mauresque.

9 Mai. — Une nuit sombre nous a frustrés de la vue d'une route en corniche du haut de laquelle le chemin de fer domine la mer, et l'aube nous surprend à Venise. Cette ville, dans sa beauté grave et triste, porte au front l'auréole des glorieux souvenirs avec le deuil de ses enfants dispersés et de sa liberté perdue. Pas de bruit, pas de retentissement ; tout est calme et sévère. De noires gondoles, sveltes et gracieuses sous leur teinte sombre, glissent silencieusement sur les lagunes où de grands palais de marbre noircis par le temps baignent leurs murailles armoriées et sculptées ; le mystère, avec son attrait, semble se tenir au seuil de ces portes discrètes, s'ouvrant sur les canaux ; et tout, dans cette grandeur déchue, se revêt d'une solennité recueillie.

Faut-il réveiller les souvenirs et l'admiration par une froide nomenclature des beautés de Venise? N'est-ce pas les amoindrir plutôt ? Comment décrire la Piazza, la Piazzetta et sa fameuse colonne, piédestal du lion emblématique. Saint-Marc avec ses coupoles légères, ses voûtes en mosaïque, sa chaire de marbre et ses colonnes sculptées, dont quelques-unes ont été enlevées à Sainte-Sophie; Saint-Marc, vrai bijou que l'on voudrait mettre dans un écrin? Faut-il parler du palais des doges, dentelle de pierre brodée dans le style mauresque? Marbres, sculptures, dorures, peintures du Titien et de Paul Véronèse, tout est prodigué dans ses escaliers, ses galeries, ses salles immenses sous lesquelles sont ensevelis tant de sombres et humides cachots, muets témoins de bien des drames lugubres. Là aussi, se voit le pont des Soupirs, dont le nom dit assez de quelles scènes tragiques il a été le théâtre. Viennent ensuite pour se graver dans ma mémoire, le Rialto si pittoresque, la Loggia au pied de la tour Saint-Marc, le portail de l'Arsenal défendu par deux lions venus du Pirée, le Lido trop vanté peut-être, l'île des Arméniens, celle des Fous, les Verreries, etc.

Comment encore passer sous silence la Ca-
d'Oro aux balcons gothiques, le palais Pezzano
propriété du duc de Bevilaqua, le palais Ven-
dramini dont la duchesse de Berry complète les
galeries, le palais Cavalli fier d'abriter l'exil
d'un roi, et tant d'autres palais servant encore
d'asile, pour la plupart, à la pauvreté des fils
de leurs anciens maîtres, tandis que leurs
meubles, leurs décorations, leurs bijoux s'entassent dans des magasins d'antiquités dont la
vue est, pour les visiteurs, pleine d'attrait et
de tentations.

Encore faudrait-il nommer au moins toutes
ces églises d'une richesse si prodigieuse en
sculptures sur bois et sur marbre, et en tableaux de grands maîtres : la Salute aux
dômes élégants, Saint-Georges, Saint-Roch,
Saint-Louis des Jésuites, les Frati, et Saint-
Jean, et Saint-Paul panthéon de Venise, où
dix-neuf doges et plusieurs généraux se sont
donné rendez-vous; leurs cendres y reposent
sous des monuments dont la somptuosité semble vouloir défier l'orgueil humain jusque dans
son néant. Parmi ces tombes, celle de Canova

me plaît par son style simple et sévère comme
par l'expression suave et triste du Génie endormi sur sa torche éteinte. A Venise, tout est
beau, tout fait rêver; mais cinq jours seulement pour voir tant de merveilles!

12 Mai. — Notre bande s'est divisée de
nouveau, et le vapeur nous emporte à travers
les belles plaines du nord de l'Italie, où le printemps n'est pas encore devenu un mythe, une
illusion. D'un vol rapide nous franchissons des
prairies ombragées de mûriers aux branches
desquels se balancent des vignes en festons.

De charmantes villas et de jolies villes se
détachent sur les montagnes boisées du Tyrol
italien, dont les cimes sont encore blanchies
par la neige. Nous voyons tour à tour Padoue,
Vicence et Vérone si bien posée sur l'Adige,
puis le paysage change, c'est le lac de Garde
qui se montre avec la ville et les fortifications
de Peschiera, et peu après Desenzano, Brescia,
Bergame.

13 Mai. — A Milan enfin on se repose, on

respire. C'est une grande et belle ville, trop belle peut-être à un certain point de vue. Sans s'arrêter à ses arènes, à son arc de triomphe, à ses théâtres, on ne veut voir qu'une chose, le dôme, et l'on reste ébloui devant cette féerie de marbre blanc. A l'extérieur, ce n'est que clochetons, frises, sculptures, dentelles de pierre et statues : de celles-ci on ne compte pas moins de sept mille, dont plusieurs sont de Canova. Chaque détail est soigné comme s'il formait un tout à lui seul, l'intérieur répond au dehors. Le corps de saint Charles Borromée, déposé dans une châsse de cristal de roche enrichie de pierreries, est vénéré dans une chapelle souterraine qu'on croirait taillée dans un énorme bloc d'argent.

15 Mai. — Arona est une petite ville placée sous la protection de la statue de Saint-Charles, dont la main étendue bénit encore le pays qui l'a vu naître ; elle est bâtie au bord du lac Majeur, dans un frais et riant paysage. Gâtée par tant de merveilles que je viens d'admirer, suis-je devenue trop difficile ? Est-ce moi qui,

dans mon épuisement, suis infidèle aux beautés de la nature, ou celle qui s'offre ici à mes
regards pour la première fois est-elle réellement
inférieure, je ne dirai pas à l'Orient (il ne faut
point comparer des objets trop dissemblables),
mais par exemple à la Suisse, dont elle me re-
trace le souvenir? je ne sais, mais il me semble
que le lac Majeur ne m'inspire pas le même
enthousiasme que le lac des Quatre-Cantons.
Pourtant, en s'éloignant d'Arona, le paysage
acquiert plus de beauté; les montagnes, de
vertes et agréables qu'elles étaient, deviennent
accidentées et d'un aspect grandiose; quelques
sommets sont encore zébrés de neige; de
blanches villas s'épanouissent sur les coteaux
boisés; le lac dort tranquille à leurs pieds, et
du sein de ses flots bleus et transparents surgissent bientôt les îles Borromées, au nombre
de trois; la seconde, l'Isola Madre, est ravissante de parfums et de fleurs; elle plaît, tandis que son autre sœur, l'Isola Bella, étonne
plus qu'elle ne charme par les splendeurs de
son palais et la difficulté vaincue de ses galeries et de ses terrasses construites sur pilotis.

On peut admirer la beauté orgueilleuse, seule la grâce sait se faire aimer.

16 Mai. — De Baveno à Domo d'Ossola, la route côtoie le lac pour serpenter ensuite dans une plaine étroite, fraîche comme une idylle et rendue plus jolie par le contraste des hautes montagnes dont les blanches cimes se perdent dans les nues. Bientôt la vallée se transforme en une gorge sauvage, coupée de ravins et de précipices; des torrents y roulent en écumant, des ponts hardis les franchissent, et çà et là gisent épars des roches et des sapins brisés, entraînés par les dernières avalanches. C'est bien là ce chaos superbe dont l'homme trouve en lui quelque image.

Le plateau du Simplon est d'une tristesse morne et sans compensation. Pourtant on y a fondé un couvent où des religieux mènent une vie aussi pleine de mérites que déshéritée de jouissances. Le ciel est froid, gris, brumeux, la descente, creusée souvent sous des voûtes de neige, est effrayante de rapidité. Mais dans la vallée, à Brieg, on trouve les chalets, les prairies, les bois de mélèzes, et de plus un ancien couvent de Jésuites, dont les dômes affectent des formes de minarets. C'est un souvenir d'Orient. Mais, hélas! quelle différence.

17 Mai. — Après Brieg, la route est jolie, dit-on; c'est une opinion qu'il nous faut accepter sous bénéfice d'inventaire, car nous partons le soir et la nuit est sombre. A Sion, nous retrouvons le chemin de fer. Saint-Maurice, Lausanne, Neuchâtel, puis la frontière. C'est la France! On la salue joyeusement toujours, et néanmoins, c'est d'un œil triste que je mesure ces huit mois si vite écoulés, que je me reporte vers ce beau passé, vers Jérusalem la cité sainte qui a donné à ma foi plus de force et d'ardeur, vers l'Egypte avec son ciel bleu, son soleil se couchant dans des flots d'azur et ses nuits scintillantes. Le souvenir est un bonheur encore, mais un bonheur triste; c'est l'espérance dans le passé.

ITALIE

1867

A quoi tiennent les choses? Une différence d'appréciation sur la longueur d'une promenade établit un pari entre mon père et moi; je gagne, naturellement. — « Que veux-tu? demande mon père? — Je n'en sais rien. — Quand me le diras-tu? — Cet hiver à Rome. — Je réponds cela comme j'aurais dit à Pékin. — C'est dit, conclut mon père; et le voyage se trouve ainsi résolu sans avoir jamais été prévu. Pourtant une joie n'arrive pas seule, assure-t-on, et quand le bon Dieu se met à répandre ses grâces, il les prodigue. Voici un autre rêve réalisé : le mariage de mon frère ; lui et sa femme nous seront bons compagnons de route, et au lendemain de la noce j'ouvre la voie.

Le premier rendez-vous des voyageurs est à Villeneuve, dans cette Provence qui me semble déjà un peu l'Italie par son climat, son ciel et sa végétation ; les petites villes ressemblent à des forteresses, leurs maisons en terrasses sont groupées sur les cimes des montagnes, et leurs rues en escaliers offrent l'aspect le plus pittoresque. C'est un pays privilégié aussi pour ses horizons de montagnes aux silhouettes bien découpées, sa mer bleue et ses vallées profondes semées de rochers, de torrents, et d'une verdure sombre qui repose du feuillage gris et terne de l'olivier auquel l'œil a besoin de se façonner.

Le vieux castel de Villeneuve domine cette belle nature du haut d'un sommet élevé ; il plaît par ses trois enceintes, ses terrasses, sa grande tour à cinq pans, sa vue admirable, et plus que tout cela, par sa cordiale hospitalité. Des bosquets d'orangers encadrent le château, et quelques palmiers dressent la tête çà et là sur un ciel aux teintes chaudes qui éveillent les souvenirs tant aimés de l'Orient.

Il fait bon et l'on voudrait s'arrêter déjà, mais le temps presse ; nous avons vu Toulon, son arsenal et son bagne ; Cannes, ses jolis villas et ses environs fleuris; Grasse, l'Hermitage, les îles de Lérins avec leurs bois de pins, la Tour Saint-Honorat et la prison légendaire du Masque de fer; Nice et Villefranche bien cachées dans leur baie sauvage et profonde. Aujourd'hui mon père nous a rejoints, nous partons demain.

13 Février. — Ce mot de départ a quelque chose de triste en lui-même, et ce matin le ciel y ajoute un crêpe de brouillard et de pluie qui nous gâte la route de la Corniche; belle malgré cela, que doit-elle être dorée par les rayons du soleil?

Tour à tour elle est taillée à pic au-dessus de la mer, elle s'enfonce entre de grands rochers où elle longe de hautes falaises offrant un panorama charmant sur les rives dont les profils s'avancent les uns sur les autres, et finissent par se perdre dans la brume de l'horizon.

Plus loin, la route traverse de larges torrents, laissant deviner de coquets villages à demi perdus dans la verdure; ici elle ménage de belles échapées de vue sur des vallées agrestes, là elle s'égare dans des bois d'oliviers, de palmiers et d'arbousiers, parmi lesquels, à cette époque de l'année, les figuiers font seuls triste figure avec leurs branches dénudées et tourmentées comme les membres d'un squelette.

Au résumé, ce trajet de trois jours est le plus joli du monde, et la pluie consent à nous laisser visiter Monaco si hardiment posée sur un rocher énorme, Menton et San-Remo, dont les rues étroites, sombres, traversées de voûtes font encore songer à l'Orient, tandis que l'Italie s'affirme par des églises toutes de marbre et d'or, comme celle de Savone ou celle d'Abenga, dont le style roman est très pur et contraste avec le vieux temple païen qui lui sert de baptistère.

16 Février. — La pluie encore; nous la narguons en vain par notre entrain, il faudrait le ciel bleu pour bien jouir de la vue du port et de la ville.

Gênes a beaucoup de cachet avec ses rues très étroites et dallées, ses maisons hautes, quelques-unes de douze étages, ses murailles anciennes, ses terrasses de marbre, son pont de Carignan jeté au-dessus d'une partie de la ville, à une hauteur de quatre-vingts pieds, ses beaux palais et ses églises riches et ornées.

Parmi celles-ci, trois surtout appellent l'attention : l'Annunciata, éblouissante d'or et de peinture, Saint-Laurent, rayée de marbre blanc et noir, ce qui lui donne un aspect très singulier, et Sainte-Marie de Carignan bâtie sur un point élevé et dominant toute la ville.

Inachevée encore, cette église est due à la munificence et à l'orgueil des comtes Sauli. L'un d'eux avait l'habitude d'aller à la messe dans la chapelle des Pallavicini ; un jour, lorsqu'il arriva, l'office était achevé, il s'en plaignit doucement au marquis dont il reçut cette fière réponse : « Lorsqu'on veut la messe, on a une chapelle à soi. » Et le comte Sauli jeta la première pierre de ce magnifique sanctuaire ; les statues y sont des chefs-d'œuvre, plusieurs tableaux aussi. Une *Assomption*, par D. Piola, me laisse sous le charme par l'expression angélique de la Vierge et le rayonnement d'amour et de bonheur du Chérubin qui baise le pied de Marie en le soutenant.

Les nombreux palais de Gênes sont d'une grande richesse et il faut un véritable catalogue pour en énumérer les sculptures, les fresques, un peu surchargées parfois, surtout les galeries de tableaux. Les salons du palais Brignolles possèdent des chefs-d'œuvre des plus grands maîtres, de même que le palais du roi, autrefois palais Durazzo, celui des Pallavicini et celui qu'habite encore la famille Durazzo. Cette dernière galerie est précédée d'un péristyle et d'un escalier en marbre blanc d'une beauté extraordinaire. Le grand salon bleu de lapis et or des La Serra, sans prétendre à la même beauté sévère, est d'une grâce bien coquette.

19 Février.—Nous quittons Gênes dès l'aube et nous traversons à toute vapeur, hélas! de belles campagnes, de jolies villes, des capitales même telles que Bologne. Au crépuscule, à peine pouvons-nous deviner la route hardie, succession de tunnels, de viaducs, et de corniches par lesquels le chemin de fer passe les Apennins en laissant apercevoir par instant la vallée de l'Arno.

La nuit s'est faite avant que nous arrivions à Florence, mais le lendemain le soleil y salue notre réveil; c'est bien l'Italie enfin, son ciel, sa couleur, sa vie en un mot, pourtant ce n'est pas jusqu'ici la beauté de types que l'on m'avait promise. L'Italie, me disait-on, est la patrie de la musique, de l'amour et de la beauté; pour l'amour j'attendrai le beau ciel du bon Dieu avant d'en juger, mais je réclame les autres traits du tableau, et Florence n'y apporte pas son coup de pinceau. Les enfants, il est vrai, ont l'air plus vif que dans le nord, les hommes me semblent plus hardis, du moins à leur manière de dévisager les passants, les physionomies ont, je crois, quelque chose de plus accentué, de plus expressif, peut-être, parce que le type brun domine, et que, par esprit de famille, il m'est permis de le préférer, mais au demeurant, les profils ne sont guère plus favorisés qu'ailleurs, et les vieilles femmes sont très spécialement horribles.

11

Florence est une ville charmante par elle-même, charmante aussi par ses environs, son horizon de montagnes et sa campagne semée de villes, de promenades et de points de vue. Il faut aller demander ceux-ci à Fiesole, la ville antique où quelques substructions de murailles phéniciennes témoignent de son origine reculée, aux jardins Boboli, petit Versailles du Grand-Duc, formant arrière-plan au palais Pitti, aux Cachines, rendez-vous des élégants de la ville en quête de fraîcheur et de verdure, ou bien enfin à San-Miniato, ancien couvent commis en quelque sorte à la garde du Campo Santo. Un nouvel ordre de choses politiques, déteignant tristement sur la religion, a expulsé les moines de leurs cellules, et les tombes, les cloîtres, les fresques et les mosaïques abandonnés d'hier sont déjà dans un état de délabrement qui serre le cœur. Telle est d'ailleurs l'impression qui domine dans Florence depuis qu'elle est soumise au régime du progrès et de la jeune Italie. Le peuple, la bourgeoisie, les moines, s'accordent dans leurs plaintes et leurs regrets; c'est singulier combien le roi semble peu populaire et combien le titre récent de capitale pèse à la ville dont on croyait flatter ainsi l'orgueil. Dans le palais même un gardien nous fait remarquer sur les tentures et les tapis que le chiffre du Grand-Duc est dissimulé, non effacé, sous celui de Victor-Emmanuel, et que ce nouveau nom sera plus facile à enlever qu'il n'a été à placer.

Les couvents de Florence étaient aussi nombreux que magnifiques: on y trouvait des tombes sculptées, des terres cuites de Lucca della Robia, des fresques, des tableaux, qui étaient autant d'œuvres d'art presque des chefs-d'œuvre, mais le pillage a passé sur tout cela laissant derrière lui une solitude morne et désolée.

A Santa Annunciata les fresques sont dues presque toutes au pinceau si sympathique d'Andrea del Sarte, puis dans l'église on vénère un tableau de l'*Annonciation* achevé miraculeusement, par les anges, dit-on, tandis que le peintre, qui y travaillait, s'était endormi.

Les murs des cloîtres, des corridors et des cellules de Saint-Marc, aussi bien que son église, sont revêtus de peintures de Fra Angelico, moine de ce couvent, et le nom de Jérôme Savonarole dont on montre la cellule lui donne du relief.

Santa-Croce, avec son éblouissante façade de marbre blanc, est une sorte de panthéon national, et pour mieux faire ressortir la vanité de toutes choses par l'orgueil si dérisoire des sépulcres, les mausolées des hommes illustres y rivalisent de richesses et de splendeur.

La cathédrale, pour finir par où j'aurais dû commencer, est un vrai bijou en mosaïque d'une finesse et d'un travail parfaits. Le baptistère, temple païen jadis, riche nécropole aujourd'hui, admirable toujours, frappe surtout par ses portes de bronze qui faisaient dire à Michel-Ange qu'elles méritaient d'être les portes du ciel; quel éloge pour Ghiberti!

Entre la cathédrale et le baptistère s'élève le dôme qui ne leur cède en rien comme travail et comme aspect; du haut de sa plate-forme — 415 marches — on jouit d'un beau panorama sur Florence et la vallée de l'Arno.

Enfin tout auprès du dôme, sous son ombre en quelque sorte, se cache une petite chapelle perdue sous une arcade et délicieuse de couleur et de recueillement.

Toute la splendeur de Florence n'est point renfermée dans ses églises, elle a ses palais aussi; ceux des Strozzi et des Ricardi, tout en bossages, ont une beauté sévère rappelant la forteresse, ce qui ne leur messied pas; celui des Podestats, d'une belle architecture du treizième siècle, contient des collections rares d'armes et de faïences. La demeure des Médicis, avec ses arcades et sa loggia, voudrait qu'on détaille chaque colonne, chaque chapiteau, chaque statue.

Puis comment oublier le Ponte Vecchio, si original, avec ses boutiques de bijouterie, les quais du Lung Arno, les longues et larges rues dallées et surtout les galeries de tableau où l'on désirerait arrêter les heures et qui épuisent la faculté d'admirer.

Je n'entends rien aux statues : sans doute suis-je trop ignorante pour savoir m'extasier sur le jeu des muscles taillés au vif dans le marbre, et les Vénus me laissent fort indifférente; j'avoue aussi tout bas, dût-on me traiter de barbare, que je ne puis m'enflammer

de commande pour le blond ardent du Titien,
mais au palais Pitti et dans les salles *Degli uf-
fici*, je sais telles ou telles vierges, qui me re-
tiennent captivée, celles d'Andrea del Sarte
surtout dont l'expression est si suave, ou celles
de Fra Angelico. Je me laisse prendre aux
charmes de la *Fornarina* de Raphaël, de la
Sibylle du Guerchin, de la *Judith* d'Andréa
del Sarte, du *saint François* de Rubens, de
l'*Ecce Homo* de Tigoli, ou *della Pellegrina* de
Grimoux, puis l'école hollandaise fait grand-
plaisir à retrouver, même sous le ciel d'Italie,
mais il ne faut pas méconnaître non plus, la nôtre : le portrait de Madame Lebrun, peint par
elle-même, ou le groupe de l'*Enfant Jésus et
de saint Jean-Baptiste*, par Boucher.

Quelle charmante composition aussi que *La
Danse des amours* par Franck, et quoi de plus
gai que ce joli espiègle aux ailes roses faisant
une culbute tandis qu'un second esquisse son
portrait.

26 Février. — Quelques heures de chemin de
fer à travers une plaine fertile et riante nous

mène à Pise. Qui ne connaît, par ouï-dire au moins, les quatre monuments qui la rendent célèbre : le Dôme, le Baptistère, la Tour penchée et le Campo santo. Une même place les réunit et il est difficile de se figurer pareil assemblage de richesses, c'est une profusion, on dirait volontiers une débauche d'ornements, l'extérieur est une dentelle sculptée dans du marbre blanc et l'intérieur ne lui cède en rien, c'est une miniature en grand, un bijou qui demanderait un écrin.

La vasque du baptistère est formée de mosaïques en relief apportées de Constantinople, et la chaire en marbre blanc ornée de statues et de bas-reliefs passe pour le chef-d'œuvre de Nicolas le Pisan ; on s'amuse aussi d'un effet d'acoustique répétant chaque son sur les trois tons de l'accord parfait.

Le Dôme, ou cathédrale, est bâti sur l'emplacement du palais d'Adrien, dont il a conservé une mosaïque et plusieurs colonnes, les sculptures sont dues en grande partie à Michel-Ange, et à lui aussi un tabernacle en argent massif. Il faudrait s'arrêter presqu'à chaque pierre, à chaque détail, à chaque tableau sans oublier la lampe dont le mouvement donna à Galilée l'idée de celui de la terre.

La Tour penchée, ronde et creuse, est ornée de huit étages de colonnades. De sa plate-forme on jouit d'une vue d'ensemble fort étendue, mais ce manque d'aplomb produit une impression très désagréable : en gravissant ces longs escaliers inclinés, la démarche devient incertaine, la tête tourne, et si, comme on le dit, telles sont les sensations des disciples de Bacchus, ils devraient être vite corrigés.

Le Campo Santo, ou cimetière, vaste cloître formé par une succession de colonnettes légères supportant de gracieuses ogives, est orné de fresques curieuses, bizarres, ridicules parfois, telles que le triomphe de la mort et le jugement dernier. Ces galeries ont l'apparence d'un musée de sarcophages grecs et d'urnes phéniciennes au milieu desquels se placent des tombes récentes. La terre du préau a été rapportée de Jérusalem sur cinquante galères par de pieux chevaliers croisés Pisans qui y dorment leur dernier sommeil.

Un autre souvenir des croisades se trouve au Cachines de Pise sous forme de bandes de chameaux descendants de ceux que ramenèrent les Chevaliers de la Croix. Ces enfants d'un autre ciel errent librement au bord de la mer dans les belles forêts de pins, regardant les promeneurs de leurs yeux doux et plaintifs.

De Pise à Sienne la route court dans de grandes plaines où des bœufs gris tracent lentement leur sillon; ces plaines sont fermées par de hautes montagnes dont les sommets apparaissent couronnés de vieux donjons ou d'anciens couvents; on dirait un horizon créé pour le plaisir des touristes.

27 Février. — Sienne est une cité du moyen-âge qui en a conservé tout le cachet, elle est curieuse mais triste; les murailles hautes et fortes grimpent à pic sur les trois collines qui forment la ville et l'enserrent, les palais gothiques bâtis en briques se donnent de petits airs menaçants de forteresse. Des portes, des remparts et du cimetière, on a de jolies échappées de vue sur la plaine, effacées par celle que l'on achète au prix de l'escalade de 400 marches sombres, étroites, usées, de la tour du Campo, la seule encore debout parmi quarante-sept tours féodales qui naguère se dressaient dans Sienne.

Pour se consoler de les avoir perdues la ville a conservé sa cathédrale entièrement revêtue, intérieurement et extérieurement, de zones horizontales et alternées de marbre blanc et noir. La corniche est ornée d'une succession de têtes sculptées représentant tous les papes ; les pavés sont en mosaïque, genre grisaille, la chaire est de Nicolas le Pisan, les coupoles, les voûtes, les colonnes, les tableaux, les portes de bronze sculpté, la façade, tout enfin fait de cette église une merveille parmi les merveilles admirées jusqu'ici, et pourtant nous sommes devenus difficiles presque jusqu'à l'injustice : ce qui n'est que beau nous laisse indifférents, nous sommes gâtés, il nous faut des chefs-d'œuvre. Heureusement nous partons pour Rome, la ville des merveilles !

1er Mars. — Un nouvel arrêt à Florence où

nous convie la délicieuse villa San Donato. Ce palais du prince Demidoff est une vraie féerie composée de curiosités et de trésors empruntés à tous les les pays et à tous les genres. Dans des salons meublés en malachite rehaussée d'or, sont des statues palpitantes de vie, des bijoux, des armes, des richesses qui semblent la rançon d'un roi, et des tableaux tels que l'*Hérodiade* de Carlo Dolci, la *Jane Gray* de P. Delaroche, la *Françoise de Rimini* de Schœffer ou le *Naufragé* de Gudin qui fait mal à voir et pourtant auquel on revient toujours, puis des Greuze à la douzaine.

Ce palais des Mille et une nuits se cache dans des jardins enchantés remplis de serres et de fleurs qui ont l'air volées au paradis terrestre. C'est l'adieu à Florence, mais un adieu qui nous laissera un charmant souvenir.

ROME

2 Mars. — Un effroyable ouragan nous escorte de Florence à Terni, ville d'assez misérable apparence et dont les curiosités, sa cascade exceptée, sont vite passées en revue. En revanche, le lendemain, nous traversons les sauvages montagnes des Apennins parées de bois, de rochers, de torrents, qui feraient de ce pays le théâtre d'une scène de brigands, et à les juger sur la mine, les habitants figureraient bien comme acteurs, mais dans notre siècle prosaïque de gendarmes et de chemins de fer, l'imagination doit faire tous les frais de semblables aventures, le décor seul est resté; des villes genre moyen-âge, telles qu'Assise, Spolète, Borghetto, se groupant et s'entassant sur les cimes les plus aiguës complètent le tableau; elles conservent toute leur pureté de style et leur caractère féodal et guerrier qui reporte la pensée vers ce temps de la chevalerie dont le souvenir plaît toujours.

Bientôt l'horizon s'élargit, les montagnes se séparent pour encadrer une grande plaine où paissent d'immenses troupeaux de chevaux, de moutons, de chèvres blanches aux poils soyeux, de bœufs aux cornes longues et pointues et de buffles à l'air farouche; ce sont les marais Pontins. Voici la coupole de Saint-Pierre qui se dessine dans le lointain, grandit et se rapproche. Rome se déploie subitement devant nous, nous sommes dans la Ville Sainte!

Ce premier coup d'œil sur Rome, vue ainsi à distance, posée sur une vaste plaine, entourée de beaux horizons de montagnes, encadrée de ruines et d'arcades, a quelque chose de fort majestueux; la ville perd à être vue de plus près; des rues généralement étroites, sales, tortueuses, des maisons sans caractère; de prime abord la capitale ne se révèle pas, et il faut s'y habituer peu à peu avant de s'y attacher, mais Saint-Pierre et le Vatican sont là qui résument tout.

4 Mars. — Notre premier souvenir de Rome, bien différent des impressions pieuses et recueillies que l'on vient demander à cette cité, cœur du catholicisme, sera celui d'un long et joyeux éclat de rire : nous arrivons au milieu des folies du carnaval; rien n'est plus gai que ces fêtes de la rue s'épanouissant au soleil et rapprochant, en les confondant pour un jour, les grands et le peuple; les rues sont pavoisées, les mascarades parcourent le Corso, les fleurs s'échangent entre les voitures et les balcons, les passants sont accueillis par une grêle de conffetti roulés dans du plâtre; puis viennent les courses de chevaux en liberté et la soudaine illumination errante des moccoli; tous ces amusements au milieu d'incidents burlesques, dont chacun prend sa part et dont nul ne s'offense.

En dépit des conffetti dont je suis assaillie, mon impatiente curiosité m'entraîne à travers le Corso jusqu'à la place du Peuple; elle a belle apparence avec les trois larges rues qui y prennent naissance et dont les deux points de jonction sont formés par deux églises en rotonde. Une des portes de la ville ouvre sur cette place, le centre est occupé par une grande fontaine surmontée d'un obélisque, et sur ses côtés, une rampe douce conduit au Pincio, vaste jardin rempli de fleurs et rendez-vous des oisifs et des élégants qui veulent voir et être vus ; un palmier séculaire s'élance d'un massif d'arbustes et de la terrasse avancée la vue embrasse Rome et Saint-Pierre qu'on ne peut juger à cette distance, mais que de loin déjà on salue avec respect.

Le Pincio touche à l'ancienne villa des Médicis, où la France a créé un asile pour ses jeunes artistes, et tout auprès, se trouve l'église de la Trinité-du-Mont, due aussi à la munificence des rois de France ; elle a grand air avec sa place ornée d'un obélisque et le large escalier de marbre blanc à double rampe qui aboutit sur la place d'Espagne devant une fontaine en forme de nacelle.

6 Mars. — MERCREDI DES CENDRES. A Rome plus qu'ailleurs, l'âme est sous le poids de la pensée de la vanité des choses humaines, de la petitesse de la créature devant le Créateur, et Saint-Pierre est fait pour augmenter cette impression : on est écrasé par la grandeur de l'édifice, les détails en sont magnifiques, mais l'ensemble surtout confond l'imagination toujours plus à mesure qu'on l'examine; tout est si bien calculé, si harmonieux dans son immensité que l'on se rend à peine compte de celle-ci et l'on est profondément étonné en calculant les distances et les proportions, de voir combien elles surpassent ce qu'elles avaient semblé au premier moment.

Il faudrait, je crois, des mois pour analyser les beautés de la basilique : mosaïques, tombeaux, sculptures; chaque détail est digne de l'ensemble, et c'est tout dire. La chaire de Saint-Pierre est soutenue dans l'espace par l'immense groupe de bronze de quatre Pères de l'Eglise et d'Anges, elle est surmontée du Saint-Esprit apparaissant au milieu d'une gloire rayonnante, c'est une des plus admirables choses qui existent. Autant en faut-il dire du baldaquin à colonnes vertes qui recouvre le maître-autel, et devant lequel se trouve la confession ou chapelle sainte, creusée dans le milieu de l'église; les reliques de saint Pierre et de saint Paul y reposent entourées d'or et de lumière.

Juste au-dessus de cet emplacement s'élève le dôme, à une hauteur de quatre cent treize pieds, second Panthéon transporté dans les airs par Michel-Ange et tout revêtu de mosaïques à fond d'or; il est la partie la plus remarquable de l'édifice.

Rome vue du haut de cette coupole, offre un panorama immense, les hommes semblent des mouches et toutes les proportions tombent, par opposition, dans l'infiniment petit; on termine généralement cette ascension par celle de la boule, sans doute par défi d'amour-propre, car il s'agit de s'insinuer dans une espèce de colonne étroite, en gravissant, comme dans un étui, une petite échelle toute droite, arrivé dans la boule, on manque d'air, on se sent fort mal à l'aise et l'on ne voit rien...

Mieux vaut redescendre sur l'immense place de Saint-Pierre; ses colonnades surmontées de terrasses ornées de statues, ses escaliers, ses fontaines, un obélisque emprunté au cirque de Néron, l'imposante façade de l'église et la coupole dominant tout ce qui l'environne, en font, parmi les œuvres de l'homme, une des plus imposantes.

7 Mars. — On se familiarise vite avec l'aspect triste des rues de Rome lorsqu'on les parcourt à la recherche des vieux palais qui s'y cachent à demi perdus. Les demeures princières des chefs de la noblesse romaine étalent leurs riches façades sur le Corso ou sur les principales places; tels sont les palais Borghèse, Doria, Colonna, Chigi, Odescalchi, Barberini, Corsini, Rospigliosi, et le palais Farnèse qui abrite l'exil du roi de Naples etc., puis dans de petites rues étroites et isolées, il y a nombre de demeures qui cèdent peu en beauté à ces premières, de même que la noblesse de leurs possesseurs n'a guère à envier à leurs voisins.

Ici et là, se dressent les débris d'un vieux temple ou d'un ancien cirque; des obélisques surgissent de toutes parts, et l'on foule avec respect, un sol si glorieux par ses souvenirs.

Parmi tous ces vestiges de la vieille Rome répandus dans la nouvelle ville, comment oser passer une revue rapide, et pourtant comment consentir à se taire! Allons, mon courage, prends ta paresse en croupe et viens en aide à ma mémoire, au moins par une simple nomenclature de toutes ces grandes choses.

La colonne Antonine, chargée de bas-reliefs, sert de piédestal à la statue de saint Pierre.

La colonne Trajane en marbre, couverte de sculptures plus finies encore, supporte la statue de saint Paul; elle est placée au milieu d'un ancien forum et entourée des tronçons des pilastres de granit qui jadis soutenaient la basilique ulpienne. Non loin, on voit une tour s'élever au milieu d'un couvent, c'est du haut de cette tour que Néron assistait avec volupté à l'incendie de Rome allumé par ses ordres.

Chaque place a sa colonne ou son obélisque enlevé à un temple païen. Ici est le théâtre de Pompée et là celui de Marcellus, tous deux convertis en logements; plus loin le tombeau d'Auguste devenu cirque à son tour, ensuite nombre de temples et de portiques enchâssés dans des couvents, des maisons, ou transformés en églises.

Parmi ceux-ci, quel rang assigner au Panthéon, ce monument unique, ce dôme gigantesque qui inspira à Michel-Ange la pensée de la coupole de Saint-Pierre.

La plus grande partie des ruines de la Rome païenne se trouvent groupées à l'ombre du Capitole cet orgueilleux voisin de la roche Tarpéïenne de terrible mémoire; hélas! les monuments sont en ruines, le Capitole n'a pu protéger ses Césars et le saut de la roche Tarpéïenne est presque devenu jeu d'enfants.

On arrive au Capitole par un escalier de marbre blanc, orné de statues antiques parmi lesquelles je distingue celle de Marc-Aurèle sur son cheval de bronze. En tournant le Capitole on domine tout le Forum où se dressent encore les trois colonnes cannelées du temple de Saturne, celles du temple de Vespasien et de Jupiter Tonnant, et l'arc de Septime-Sévère. L'exhaussement progressif du terrain avait enseveli le Forum sous une épaisse couche de sable, on l'a de nouveau déɪ blayé jusqu'au sol primitif.

Un peu plus loin, sont les temples de Minerve, de Vesta, d'Antonin et de Faustine, la basilique Constantinienne, les temples de la Paix, de Vénus et de Rome; les jardins Farnèse où les palais des Césars et des empereurs se débarrassent rapidement de la terre qui les recouvrait depuis des siècles; enfin, suivant triomphalement la voie sacrée et passant sous les arcs de Titus et de Constantin, on arrive bientôt au Colisée rempli de souvenirs si divers : les gladiateurs et les martyrs !

L'amphithéâtre dresse fièrement encore ses quatre rangs d'arceaux, la faux du temps et la main plus barbare de l'homme n'ont pu renverser ses immenses murailles.

Près de là aussi, s'ouvrent les vastes galeries souterraines qui furent les thermes de Titus.

Assurément, cet ensemble de monuments si grands dans leurs ruines, frappe vivement l'esprit, et pourtant, au milieu d'eux, un petit oratoire, d'apparence bien modeste, émeut

plus profondément en parlant moins à l'imagination qu'au cœur : la prison Mamertine, les
parois nues et humides de ce sombre cachot
souterrain impressionnent l'âme; et l'ombre
de Jugurtha y disparaît derrière le souvenir
de saint Pierre.

8 Mars. — Aujourd'hui, premier vendredi de carême, le pape descend en grande pompe prier au tombeau de saint Pierre, et nous nous plaçons sur son passage. Quel air de calme et de bonté ! Il y a de la béatitude déjà sur ses traits et dans son regard ; un cortège de cardinaux, de chanoines, de gardes nobles et de soldats l'accompagnent, ce défilé est imposant, et les gardes suisses y ajoutent leur note par leur costume bizarrement taillado de rouge, de jaune et d'or qui rappelle les images du moyen-âge : dans l'Eglise rien ne saurait changer, autour d'elle tout semble devenir immuable.

De la basilique au Vatican il n'y a qu'un escalier à gravir, et nous montons cet escalier, royal d'aspect comme de nom. On arrive d'abord aux chapelles Sixtine et Pauline, puis à la salle grand ducale, dont Michel-Ange a peint les fresques, enfin aux loges de Raphaël avec leurs délicieuses arabesques.

Le musée de tableaux du Vatican compte peu de toiles; mais toutes sont des chefs-d'œuvre : le *Miracle de saint Grégoire*, la *Vierge et le Bambino*, (Sassoferato), *la Pietà* (Carravagio), *Sainte Marguerite* (Le Guerchin) *sainte Catherine*, (Murillo), *la dernière communion de saint Jerôme*, (Le Dominiquin), *le Couronnement de la Vierge* et *la Transfiguration*, (Raphaël).

Les galeries de sculptures ne sont pas moins riches et beaucoup plus vastes; les statues antiques, les bas–reliefs, les inscriptions ont des galeries spéciales, où l'on admire tour à tour, l'*Apollon*, le *Laocoon*, les *Gladiateurs* de Canova, le *Char romain* nommé *la Biga*, la gigantesque vasque de porphyre trouvée aux thermes de Titus et les mausolées de porphyre sculptés, où furent déposées Sainte Hélène et sa fille, sainte Constance, fille de Constantin.

Le Vatican est tout une ville par son étendue; les appartements du Saint-Père et de ses mi-

nistres en occupent une partie, les chapelles
et les loges une autre, presque chaque nation
ancienne et moderne y est représentée par un
musée; nous avons passé les galeries en revue
et voici les salles immenses de la bibliothèque.
Au premier abord ce nom m'étonne, on ne voit
pas un livre; la bibliothèque Vaticane, en effet,
ne compte que des manuscrits, d'un prix inesti-
mable, enfermés dans une suite d'armoires délicieusement peintes qui revêtent les murs de
manière à ne paraître disposées que pour les
orner. On y trouve en outre une riche collec-
tion de peintures bizantines, de bijoux et d'é-
maux et la plupart des pieux trésors recueillis
dans les catacombes.

9 Mars. — L'inconnu m'attire et j'aime à me
promener au hasard, sans guide et sans plan;
il me semble que je découvre la ville et elle
me plaît mieux ainsi. Ce matin donc, suivant
le Corso et passant devant les palais Bonaparte et Torlonia j'arrive à celui de Venise,
sorte de forteresse qui servit de demeure à
Charles VII, roi de France, puis à l'église

Saint-Marc remarquable par de belles colonnes de jaspe et l'une des plus anciennes de Rome. Une place est devant l'église et une rue droite me ramène au pied du Capitole; puis à la gauche du monument païen un long escalier me conduit à *Ara Cœli*.

Cette église occupe l'emplacement du temple de Jupiter Capitolin et se pare de deux rangs de colonnes qui en faisaient partie; on y voit quelques tombeaux, des mosaïques en pierre dure et l'urne de porphyre contenant les cendres de sainte Hélène; mais surtout on y vénère une image miraculeuse du divin Bambino, objet d'un culte spécial, presque superstitieux pour le peuple de Rome.

Chaque rue de Rome possède son sanctuaire, on ne saurait les compter. Les Jésuites ont deux couvents voisins et leurs églises sont toutes deux éblouissantes d'or et de couleurs; les ornements y sont semés à profusion et même au delà. A Saint-Ignace, Legros a surmonté l'autel de saint Louis de Gonzague d'un admirable bas-relief duquel s'élance la statue du jeune saint, tandis que ses cendres reposent sous l'autel dans une urne de lapis-lazuli. Au Gesu, c'est l'autel Saint-Ignace qui attire plus spécialement l'attention par ses colonnes torses de marbre rare rehaussées de bronze, par son urne de lapis-lazuli et par la boule de lapis posée sur le tabernacle et formant le plus gros bloc connu de cette pierre précieuse.

Non loin des Jésuites est *Santa-Maria sopra Minerva*, dont le nom dit assez qu'elle a succédé à un temple païen; elle a de belles peintures à fresques et des statues remarquables, telle que le Christ montrant sa croix, l'un des chefs-d'œuvre de Michel-Ange, empreint d'une expression sublime.

On ne saurait quitter la place de la Minerve sans s'arrêter devant l'obélisque qui en occupe le centre et que le Bernin a eu l'ingénieuse idée de placer sur le dos d'un éléphant. Il faudrait également citer pour mémoire, dans cette partie de la ville l'obélisque de la place Navone élevé sur une des plus belles fontaines de Rome qui pourtant en compte tant de superbes. Celle-ci figure un rocher d'où s'élancent quatre fleuves protégés par leurs statues allégoriques;

12.

elle est ornée d'un lion superbement sculpté et d'un cheval marin écumant, deux autres fontaines plus petites complètent la décoration de la place Navone qui a conservé sa forme de cirque, mais où l'on ne donne plus de fêtes nautiques; de beaux palais l'entourent et près d'eux une jolie église dédiée à sainte Agnès.

Continuant cette pieuse tournée, mais prenant une autre direction, nous allons d'un trait jusqu'à la basilique de Sainte-Marie-Majeure, sur la place de laquelle est la croix, souvenir de la conversion de notre Henri IV, de petites pyramides se dressent tout autour de l'église, dont le clocher, la façade, les dômes et les coupoles forment un ensemble magnifique. A l'intérieur, les chapelles de la croix et de Sixte V pèchent par excès de richesse, mais dans un coin obscur se trouve un tableau du Spagnoletto, un *saint Jérôme*, capable de faire aimer les macérations. Le maître-autel est formé d'une urne de porphyre et au-dessous se trouve la Confession où Pie IX doit aller un jour se reposer de son long et douloureux pontificat.

Nous passons à Sainte-Marie-aux-Anges, grandes salles des thermes de Dioclétien dont Michel-Ange fit une belle église, en consacrant à son ornement les immenses colonnes de granit gris et la haute coupole du monument païen.

Voici la célèbre statue de Moïse de la fontaine de Termini, puis la porte Pia; franchissons-la; et contournant les antiques murailles de la ville, allons nous reposer sous les beaux ombrages de la villa Borghèse. L'admiration cependant n'y trouve point de relâche car des statues s'abritent sous des massifs de chênes verts et dans les salons de la villa sont des mosaïques, des tableaux de maître, des coupes de marbre précieux, et des statues superbes, telles que *David lançant sa fronde*, *Apollon et Daphnis* de Bernini, et seule dans un boudoir, la fameuse statue de *Pauline Borghèse*, par Canova.

10 Mars. — Une audience du Pape! quelle cérémonie imposante; comme notre cœur bat pendant que nous attendons dans la grande salle qui précède celle de la réception! cepen-

dant à la vue du Saint-Père, si l'émotion reste, la crainte se dissipe : son air est si vénérable et son tranquille sourire si bon, son
regard limpide me fait songer malgré moi à
celui du Comte de Chambord; il faut être l'oint
du Seigneur pour avoir ce regard; sa parole
est d'une pénétrante douceur, et lorsqu'il nous
bénit, on se surprend à chercher, autour de son
front, l'auréole rayonnante des bienheureux.

Et ce soir, hasard singulier, je reçois l'analyse
des conférences du Père Félix, et j'y trouve,
à la date du 3 mars dernier, ce passage qui
rend si complètement mon impression :

« Oh, dites-moi, avez-vous vu une fois dans
« votre vie le visage d'un saint? avez-vous vu
« ce je ne sais quoi de céleste que la sainteté
« met au front de ses élus, comme le sceau
« de Dieu sur la chair de l'homme?... avez-vous
« vu Pie IX?... Du moins avez-vous entrevu
« de loin, à travers les nuages qui planent sur
« sa tête, le sublime et doux visage du Pontife-
« Roi, portant sur son front la majesté d'un
« malheur grand comme sa dignité, et d'une
« vertu grande comme son malheur?

« N'est-il pas vrai que ce vieillard désarmé
« a quelque chose qui nous attire, nous capti-
« ve, nous séduit et arrache même à ses enne-
« mis l'hommage d'une irrésistible admiration
« et d'un invincible respect? Apparition si
« sublime et si émouvante que, pour vous
« montrer quelque chose de plus sublime et
« de plus émouvant il ne me reste qu'à dire :
« avez-vous regardé le visage deJésus-Christ. »

11 Mars. — Une permission spéciale nous
accorde d'assister à la messe dans la Confession
de Saint-Pierre, dont les femmes sont ordinairement exclues. Cette petite chapelle richement décorée mais étroite et sombre, porte au
recueillement et l'on trouve une grande joie
à prier pour ceux que l'on aime, car il semble
que l'on y prie bien.

Aujourd'hui les chaînes de saint Pierre sont
exposées dans l'église de Saint-Pierre-aux-
Liens, nous allons les vénérer, puis nous agenouiller dans l'humble petit sanctuaire nommé
Domine, quo vadis, et élevé sur la voie Appia
en souvenir d'une apparition du Sauveur.

Saint Pierre fuyait Rome et la persécution, il rencontra le Christ qui portait sa croix d'un air triste. — « Maître, où allez-vous? » demanda l'apôtre. — « Je vais à Rome, répondit Jésus-Christ, pour y mourir une seconde fois! » Saint Pierre comprit le reproche, rentra dans la ville et y trouva le martyre.

12 Mars. — Notre journée sera donnée à
Rome antique, mais elle commence bien doucement par la messe à la prison Mamertine
auprès de cette source que la parole de saint
Pierre fit jaillir du sol pour baptiser ses geô-
liers et quarante prisonniers. En mémoire de si
augustes souvenirs, le pape a voulu que chaque
messe qui y serait célébrée assurât la déli-
vrance d'une âme du purgatoire. En sortant de
la chapelle, notre bonne étoile nous ménage la
rencontre inattendue, inespérée du Saint-Père
sortant d'un couvent, et dont au passage nous
recueillons la bénédiction.

Sans nous éloigner beaucoup du Forum
nous trouvons : le petit temple dédié par les
anciens à la Fièvre, l'arc de Septime-Sévère

adossé à l'église Saint-Georges, le grand égout
construit par Tarquin l'Ancien, le temple de
la Fortune, aujourd'hui église Sainte-Marie
l'Egytienne et une bizarre construction chargée de sculptures et nommée maison du tribun
Crescentius.

Retournant sur nos pas, nous passons auprès
de l'Arc de Drusus, le plus ancien de tous
ceux qui subsistent dans l'intérieur des murs
de Rome, et nous sortons par la porte Saint-
Sébastien qui s'ouvre sur la voie Appienne ; là
l'intérêt se partage d'abord entre les immenses
ruines des Thermes de Caracalla, les corridors souterrains, nécropole de la famille
des Scipions et les colombariums où l'on en-
fermait dans des cellules semblables à celle
d'un pigeonnier, les cendres des serfs et des
esclaves ; la voie Appia s'enfonce ensuite dans
la triste campagne romaine ; elle est bordée de
deux longues rangées de tombeaux et conduit
à celui de Cœcilia Metella, grosse et haute
tour bien conservée, et le plus beau parmi ces
monuments de la vanité d'outre-tombe.

Avant de rentrer à Rome, laissons un moment

cette route funèbre pour voir le temple de Bacchus et une petite fontaine qui emprunte quelque poésie au nom de la nymphe Egérie. Nous passons près d'un joli bosquet de chênes verts où Numa aimait, dit-on, à venir converser avec la nymphe, il a conservé le nom de bois sacré; à défaut d'autre titre de gloire, il a du moins le mérite rare dans les environs de Rome, d'un frais ombrage, d'une charmante verdure et d'une belle vue sur la plaine semée d'aqueducs et terminée par les montagnes de la Sabine.

Une soirée passée dans le Colisée illuminé de feux de Bengale termine bien ce voyage à travers Rome antique. La musique militaire fait entendre des airs graves, en harmonie avec la grandeur du spectacle, et des lueurs fantastiques s'élèvent enveloppant les immenses arceaux du cirque, les embrasant, les inondant d'une lumière qui semble ne pas appartenir à la terre, puis elles s'éteignent soudain, et tout retombe dans l'ombre, laissant une impression de rêve étrange.

13 Mars — Cette soirée contraste avec les fêtes de celle d'hier, en amenant un grand enterrement sous nos fenêtres; une longue file de pénitents blancs et de capucins, torches en main, précèdent le cercueil en psalmodiant, les lumières tremblantes éclairent à peine la nuit sombre, les chants semblent plus solennels, et ce cortège d'ombres enveloppées du froc du moine ou de la cagoule du pénitent a quelque chose de lugubre complété par la bière ouverte laissant voir une jeune morte couronnée de fleurs.

Les pensées tristes qu'inspire la mort contrastent péniblement avec l'usage singulier de promener ainsi, dans le Corso, par une sorte de parade, les pauvres trépassés.

14 Mars. — Messe au couvent du Gesu, dans la chambre de saint Ignace de Loyola, là il vécut, là il pria, là il mourut !... Comment rester froid dans ce sanctuaire d'où tant d'élans d'amour brûlant se sont élevés vers le ciel !

Après avoir cherché Rome ancienne sous les ruines et avoir admiré Rome catholique dans ses sanctuaires, il faut aussi étudier Rome artistique dans ses palais et ses galeries.

La Galerie du palais Borghèse se trouve en première ligne comme richesse et comme nombre; le *Crucifiement* par Van Dick, suffirait à lui seul pour lui assurer cette primauté, puis la *Madeleine* et la *Danaë* du Corrège, la *Madone* de Carlo Dolci, saint *Stanislas avec l'Enfant Jésus* de Ribera, la *Madone* de Gaëtano, *saint Dominique* et *saint François* du Carrache etc. C'est le cas de le dire : j'en passe et des meilleurs.

Les galeries du palais Schiara et du palais Rospigliosi ne sont guère moins belles que celles du palais Borghèse; la fameuse *Aurore* du Guide entre autres, décorant le plafond d'un salon des Rospigliosi, et si souvent reproduite par la gravure.

Au milieu des vastes salles et des tableaux de prix du palais Colonna, un boulet, souvenir de l'invasion française de 1849, git sur une marche de marbre qu'il a fracassée.

Le palais Spada est abandonné, dégradé, et offre un peu le spectacle de luxe et de misère, mais il renferme de bien jolies marines et des paysages de l'Ecole flamande.

Le palais Barberini, à peine achevé, est, je crois, le plus riche parmi les demeures patriciennes; l'escalier est princier, les fresques charmantes et les grands maîtres ont envahi les salons; on y admire surtout la *Sainte-Famille* d'Andréa del Sarte, la sainte *Madeleine* du Pommerancio, le portrait de la Cenci par G. Renni et celui de la fille de Raphaël Mengs peint par lui; ce dernier est certainement une des figures les plus suaves et les plus sympathiques que je sache.

La façade du palais Doria, sur le Corso, a tant de grandeur qu'on est presque étonné de n'y pas trouver les salons plus beaux qu'ailleurs; ils sont peu éclairés, ce qui fait paraître obscurs ses tableaux généralement empruntés à l'école sombre, amende honorable soit faite pourtant aux paysages de Claude Lorrain et à deux *Sainte-Madeleine* l'une du Titien et l'autre du Carrache.

Le palais Corsini enfin, qu'entourent de splendides jardins, possède une superbe galerie. Moins nombreux que dans les autres musées, les tableaux y sont plus sévèrement choisis,

toute médiocrité est exclue, et l'on éprouve à
les admirer une jouissance exempte de fatigue.
Il y a des Callot délicieux, de grandes batailles
de Salvator Rosa, des Titien, des Carrache,
une *Notre-Dame-des-Douleurs* par Cignani ,
qui donne envie de se mettre à genoux devant
elle, une *Madone Coll'Bambino* de Murillo,
plus jolie encore que celle de Florence, et
enfin la tête du Christ admirablement traitée
par quatre maîtres : Guido Renni, Carlo Dolci,
le Guerchin et Van-Dick; volontiers je donne-
rais le prix à Renni.

16 Mars. — Vraie semaine de faveur; hier
messe dans la chambre de saint Louis de Gonzague, à côté de celle du bienheureux Berch-
mans, et ce matin, au noviciat des Jésuites,
dans la cellule de saint Stanislas Kotska. A la
place qu'occupait son lit on a mis la statue du
jeune saint couché et mourant, elle est due au
ciseau de Legros qui a su lui donner l'expression d'une béatitude céleste.

17 Mars. — L'église de Sainte-Cécile nous

appelle au Transtévère, la statue de la sainte couchée sur sa tombe, dans l'attitude de son martyre, est classée parmi les chefs-d'œuvre.

Sur cette même rive du Tibre, en gravissant le Janicule, on trouve le couvent de Saint-Pierre Montorio; de sa terrasse, on jouit d'une belle vue sur toute la ville; dans l'église du couvent est un remarquable bas-relief de saint François en extase et dans le cloître, sur l'emplacement du crucifiement de saint Pierre, une charmante rotonde entourée de colonnes imitées du temple de Vesta.

Non loin, la fontaine Pauline cause une admiration mêlée de surprise par ses cinq portiques d'où s'échappent cinq immenses nappes d'eau. A Rome les fontaines sont de vraies rivières venant, on ne sait d'où, semblant tomber du ciel, et embellissant singulièrement la ville; leur nombre et leur magnificence est assurément une des choses qui frappe le plus.

En redescendant vers le pont Saint-Ange, on passe, dans la Longara, devant un joli petit palais nommé la Farnésina; l'histoire de Galatée et celle de Psyché y sont représentées

tout au long par Raphaël dans des fresques,
assemblages d'arabesques et de jeux d'enfants
ravissants de fraîcheur et de gentillesse; au
milieu de la frise , Michel-Ange dessina un
jour comme carte de visite une grosse tête
noire, que Raphaël a respectée et qui produit
un effet très original.

En avant du pont Saint-Ange que le Bernin
décora de statues d'anges portant les instru-
ments de la Passion, s'élève le château Saint-
Ange, immense et somptueux mausolée d'A-
drien, devenu aujourd'hui fort et prison. Les
murailles en sont d'une extrême épaisseur et
les cachots obscurs font penser à la Cenci, Ca-
gliostro et Benvenuto Cellini. Une pomme de
pin en marbre surmontait cette tour gigantesque, Grégoire le Grand la remplaça par une
statue de l'archange saint Michel abaissant la
pointe de son glaive, en souvenir de la cessa-
tion de la peste et de la vision dans laquelle
l'ange lui apparut remettant son épée dans
le fourreau.

En traversant le pont et remontant la rive
du fleuve jusqu'au port de Ripetta, on décou-

vre le mausolée d'Auguste transformé en théâtre et dans lequel deux chambres funéraires
ont seules échappé à la destruction, on s'y
amuse d'un bizarre effet d'acoustique grossis-
sant démesurément la voix en la répercutant
du côté opposé à celui d'où elle part. Que
de secrets d'affaires ou de mystérieux propos
soufflés bien bas dans une oreille attentive ont
été trahis par l'indiscret écho.

18 Mars. — Ce matin nous parcourons une
triste plaine dont le silence et l'air solennel
conviennent aux abords de la Ville Éternelle;
nous allons à Frascati demander aux villas
Torlonia, Aldobrandini et à *la Ruffinella* de
jolis ombrages, de belles eaux retombant en
cascades de rochers en rochers et une vue
d'une immense étendue. Au sommet de la
montagne était Tusculum, la plaisante maison
des champs de Cicéron; malheureusement,
si la tradition en indique l'emplacement, les
vestiges en ont disparu.

19 Mars. — C'est avoir attendu bien longtemps pour aller à Saint-Jean-de-Latran, la

cathédrale de Rome, — Saint-Pierre n'est que l'église du Vatican — et même, en expiation d'avoir tant tardé, il serait à propos, j'imagine, de s'agenouiller devant un des pénitenciers pour recevoir le coup de baguette symbolique, souvenir des premiers âges de pénitence et d'humilité. Cet usage, qui s'est perpétué, sous le bénéfice de cent jours d'indulgences, surprend beaucoup notre siècle railleur.

N'est-il pas vénérable pourtant comme tout ce qui nous parle de la foi de nos pères.

Les statues qui ornent la façade de Saint-Jean-de-Latran produisent un bon effet et se voient de loin, de même qu'un obélisque occupant le centre de la place; l'intérieur de la basilique est coupé par cinq grandes nefs portées par de belles colonnes anciennes de marbre et de bronze; elle est décorée des statues des douze apôtres, de nombreux tableaux, de mosaïques rares et précieuses. Les Corsini y possèdent une chapelle funéraire dans laquelle la statue de Notre-Dame-de-Pitié impressionne profondément par son air de souffrance et de résignation.

13.

Un modeste oratoire bâti tout près de ce sanctuaire somptueux attire plus encore : je veux dire la chapelle de la *Scala Sancta*, apportée de Jérusalem. On gravit à genoux ces marches témoins du premier acte du drame de la Passion, et l'on ne cherche pas à se défendre d'une émotion pieuse ; deux statues d'expression divine représentant Notre-Seigneur recevant le baiser de Judas et portant sa croix, sont placées à côté des degrés sanctifiés par les pas de l'Homme-Dieu.

De Saint-Jean une large avenue conduit à l'ancienne et vénérable basilique de Santa-Croce ; ensuite tournant à gauche, on voit un petit temple rond, nommé Minerva Medica, qui a le mérite d'être le premier monument aperçu en entrant à Rome.

Au delà de la porte Majeure, se dresse une basilique bâtie sur le lieu du martyre de saint Laurent à qui elle est consacrée, elle est riche en marbres, en mosaïques, et curieuse par sa disposition intérieure sur trois niveaux différents, qui en font comme trois églises distinctes ; celle qui occupe la partie supérieure est soutenue par des colonnes antiques de marbre violet aux chapiteaux finement sculptés.

Cette église est entourée d'un vaste cimetière disputé en quelque sorte aux catacombes dont les galeries et les fresques sont en maints endroits mises au jour pour recevoir des sépultures nouvelles. J'errais parmi ces tombes en curieuse, non en indifférente, car je me plais au souvenir des morts, et je me trouve soudain en face du monument de ma pauvre amie : A. de F. J. Charette, je l'avais quittée jeune, belle et heureuse, il y a deux ans à peine, et c'est ici que je la retrouve !

Minuit. Quel contraste perpétuel dans la vie! ce matin recueillie dans la pensée de la seule chose vraie, du terme où tout aboutit, et ce soir... à la comédie, à l'ambassade de France.

21 Mars. — Sur la terrasse de la Trinité-du-Mont s'ouvre une large rue, la via Felice, je la suis au hasard, elle me conduit près de la place Barberini, au couvent des Capucins; des cryptes sont ménagées sous leur église et ces

cryptes sont revêtues, ornées, si l'on ose se
servir de ce mot, de rochers, de dessins et
d'arabesques exclusivement composés d'ossements; sous des voûtes formées de crânes
reposent des squelettes en robes de bure, tous
ces morts étaient capucins, et l'architecte de ce
singulier musée, un capucin aussi, montre
tranquillement le lieu où il sera bientôt : l'espace manque au Campo Santo et le dernier arrivé y chasse le premier occupant dont la dépouille, vieille de trois ou quatre ans à peine,
va grossir les dessins des murailles. On éprouve dans ces caveaux une impression profonde
et étrange non pas pénible, puis n'y a-t-il pas
quelque chose de frappant dans ce rapprochement du hasard : la via Felice conduisant au
champ des morts! le repos, le bonheur peut-
être, sont-ils donc là seulement? Là, non ;
plus haut.

22 Mars. — Le soleil est brillant et nous ré-
pondons à son appel. En sortant par la porte
Saint-Paul, une route monotone conduit à
travers une plaine uniforme au tombeau de

Pautius, tour ronde semblable à celle de Cœcilia Metella et bien située au bord d'une petite rivière. A partir de ce point l'horizon s'avance, les montagnes s'élèvent, se boisent, des villages se montrent çà et là perdus dans les arbres, et *Monticelli* entourée d'arbustes et fièrement campée sur une cime aiguë, dessine sa silhouette pittoresque sur le ciel bleu; les ruines immenses de la *villa Adriana* apparaissent, se détachant sur un fond de verdure et se reliant à Tivoli par une route qui serpente entre les troncs noueux d'oliviers centenaires.

A *Tivoli*, de la terrasse du petit temple de la Sibylle, la vue est superbe, l'enchantement se double de la surprise, quand franchissant sans pressentiment une vulgaire porte d'auberge, on arrive subitement en présence de rochers, d'arbrisseaux, de grottes et de cascades bouillonnantes que le soleil argente et irise comme un prisme en se jouant à travers l'écume, ce spectacle est splendide comme une féerie; il y a plaisir aussi à suivre par un étroit sentier ce ruisseau bondissant qui mugit et se tourmente, formant ici une cascade d'une élévation prodigieuse, et là cent cascatelles sautant de roches en roches. De vieilles maisons à arcades et quelques ruines dominent la rivière tandis qu'une échancrure de la montagne laisse voir au loin la plaine de Rome et le dôme de Saint-Pierre.

Enfin le retour par une soirée magnifique est une nouvelle jouissance qui complète celles de la matinée : le soleil, en se couchant, embrase les ruines du château d'Arcioni, toutes les teintes du crépuscule se succèdent tour à tour, suivies d'une nuit lumineuse, resplendissante d'étoiles, une de ces nuits qui font rêver, qui mettent du recueillement dans l'âme et emportent la pensée jusqu'au ciel; excelsior!

25 Mars. — L'Annonciation. Pie IX préside aujourd'hui à *Santa-Maria-sopra-Minerva* la cérémonie de dotations des jeunes filles pauvres et sages, nous y courons. Les carrosses gala des cardinaux, du gouverneur et des princes romains ouvrent noblement la marche; la garde suit à cheval, puis vient la mule blanche du pape montée par son porte-croix en souvenir de l'entrée à Jérusalem du Christ monté sur une ânesse; voici le Saint-Père, dans un grand carrosse peint, doré et attelé de six chevaux conduits par des gens à pied.

Aussitôt que la musique militaire annonce l'approche du Pape, les hourras retentissent, les mouchoirs s'agitent. Les fleurs et les couronnes tombent sur son passage; à sa vue les cris redoublent, et cet enthousiasme spontané, frénétique, remue l'âme dans ses fibres les plus intimes.

Le Pontife-roi descend de sa voiture appuyé sur deux Camériers en costume moyen-âge avec collerettes et crevés, il s'arrête; les gentilshommes de sa maison, les cardinaux, les officiers baisent sa main, puis il tourne vers le peuple sa belle et douce figure, la foule pressée s'agenouille, fait silence, le recueillement incline tous les fronts et Pie IX répand sur le flot humain cette bénédiction que son regard semble aller chercher au fond du ciel.

26 Mars. — Messe aux catacombes de Saint-

Calixte dans la chapelle de Sainte-Cécile. On prie bien ici, la pensée s'identifie avec le souvenir de ces âmes ardentes qui des catacombes volaient au martyre, pour revenir y admirer leur dernier sommeil. L'imagination, le cœur plutôt, les fait revivre, et l'on est tenté de baiser ce sol sacré sur lequel on chercherait volontiers l'empreinte de leurs pas ; leur histoire est retracée dans les peintures naïves et symboliques qui ornent les chapelles, dans les inscriptions qui scellent leurs tombes ; une pieuse curiosité guide dans ces longues et sombres galeries souterraines où furent ensevelis les premiers chrétiens. Pour eux la mort n'était vraiment que le sommeil, et leur réveil si beau...

27 Mars. — Visite à la fontaine *Trevi* rehaussée de rochers pittoresques et de statues énormes, puis à la place du Quirinal ornée d'un obélisque entouré de groupes de chevaux.

Le Quirinal est la demeure d'été du Saint-Père, les salons sont nombreux et beaux dans leur simplicité. Les souverains français les ont décorés de tapisseries dignes de ceux qui donnaient et de celui qui recevait; les tableaux de maîtres y sont prodigués : la *Résurrectoin* par Van Dick, le *Mariage de sainte Catherine*, et la *Naissance de la Vierge* par Cortona. Les jardins sont tracés dans le vieux style français, la place est entourée de palais bien alignés et destinés à ceux que leur service appelle auprès du Pape. Nous sommes loin d'avoir achevé la visite de Rome, mais nous avons encore quinze jours avant la semaine sainte, nous décidons de les employer à voir Naples et ses environs, nous reviendrons ici pour les grandes fêtes pascales.

29 Mars. — Naples! n'est-ce pas un songe? Naples dont j'ai tant rêvé, y suis-je vraiment? j'ai presque besoin de me le répéter pour le croire.

Il fait gris, c'est triste, mais mieux vaut ainsi peut-être, la jouissance s'accroît par l'attente à condition toutefois que celle-ci ne se prolonge pas trop, car alors la foi s'émousse et l'espérance est bien près de s'éteindre. Donc il fait gris; malgré ce coup d'œil à demi voilé, tout me plaît. Je me réveille au bruit des vagues se brisant sous mes fenêtres, je parcours de belles rues, des ruelles pittoresques taillées en escaliers ou garnies de petites boutiques à auvent, à la façon orientale; je vois en passant la cathédrale de Saint-Janvier et me voici au musée bourbonien, parmi les curiosités, les meubles, les bronzes, les statues, les bijoux et les fresques arrachées aux cendres de Pompéï.

Pendant ce temps, le ciel s'est fait beau et les chefs-d'œuvre du Créateur nous arrachent à la contemplation des œuvres de la créature. Du haut du fort Saint-Elme on voit Naples en entier, la baie, le Vésuve, la campagne, les villes placées sur le golfe comme pour le parer, les îles, toutes ces choses enfin qui jadis ont fait dire : voir Naples et mourir !

Au pied du fort, dans l'ancienne chartreuse de *San-Martino*, des soldats remplacent les moines expulsés, mais les cloîtres et l'église ont été respectés. Les marbres les plus riches, les mosaïques, les sculptures et les peintures en font une merveille, la *Descente de Croix* par l'Espagnolet, la *Visitation* et surtout un *Ecce Homo* placé en opposition d'une *Mater Dolorosa*, imposent l'admiration.

Il faut revenir à Naples par le Vomero et la route du Pausilippe; cheminant à travers le parfum des fleurs, on domine la mer et Naples s'étale à l'horizon.

Onze heures du soir. Des chants sous mes fenêtres!... les mâles accents de ces voix d'hommes se confondent avec le bruit des vagues, puis se perdent dans l'ombre. Hier au moment de notre arrivée, des chanteurs étaient venus nous dire leurs barcarolles et c'était doux comme bienvenue, mais ce soir je suis seule, la nuit est calme, le silence règne partout, ces chants vibrent délicieusement...; ils s'éloignent... un vague murmure arrive encore à moi ... tout se tait. Mon Dieu! donnez parfois à mes rêves un écho des chants du ciel pour m'élever vers vous.

30 Mars. — Herculanum et Pompéï nous révèlent aujourd'hui leur passé, l'une du fond des galeries souterraines creusées dans la lave qui l'a enfouie, l'autre secouant ses cendres et montrant de nouveau au soleil, qui doit s'en étonner, ses maisons avec leurs fresques aux fraîches couleurs, ses cours, ses fontaines, ses marbres, ses mosaïques et ses rues où la roue des vieux chars a laissé son empreinte si vive qu'on la croirait tracée d'hier.

La vie de Pompéï a été suspendue par l'éruption du Vésuve, les siècles suivants ont passé sur elle sans y marquer le temps, on dirait

une ville enchantée se réveillant d'un sommeil
de dix-huit siècles et l'on se demande pourquoi
ses habitants ne se lèvent pas aussi. La ville
déserte et silencieuse est entourée de verdure
et de fleurs, et le soleil, harmonisant les nuances, anime ce contraste et accentue le charme
des oppositions.

31 Mars. — Nous nous dirigeons vers le couvent des Camaldules nous aventurant à pied,
presque au hasard, par un sentier escarpé qui
s'enfonce dans un bois solitaire; il fait tiède, les
oiseaux chantent, la jeune verdure est riante,
pourtant une rencontre de brigands serait bien
placée dans ce site sauvage, et nous l'évoquons
gaiement; au lieu de l'escopette d'un bandit,
chaque détour du chemin nous offre une
échappée sur la plaine, et de la terrasse du
couvent on voit se dérouler tout le panorama
de Naples.

Au retour, errant sur le port, je vois enfin
des *coricolos*, ces fantastiques voitures, hautes
et légères, où s'entassent et se suspendent, en
un bizarre assemblage, des moines, des femmes,

des enfants, des marins, des lazzaroni; ils sont jusqu'à seize parfois, un seul cheval et toujours au galop entraîne ces groupes informes, l'on dirait en le voyant passer, le coursier de la ballade.

1 Avril. — Un véritable ouragan! les vagues se soulèvent immenses et se brisent avec fracas sur la rive, la mer est superbe dans sa fureur, mais il pleut, hélas! et nous songeons que nous n'avons que quinze jours à passer ici où le soleil est la moitié de la vie.

Pour tromper les heures nous visitons le palais royal, bien situé entre la mer et une grande place entourée de colonnades. L'escalier du palais, à double rampe en marbre blanc, est digne de la demeure du roi, les appartements sont vastes et nombreux sans offrir rien de saillant, il y a pourtant quelques jolis tableaux dont une *Vue du palais des Abencérages à Grenade* : l'effet de la lune se reflétant dans un jet d'eau et l'ogive, sous laquelle un Arabe cache son drapeau, sont d'un vaporeux idéal.

3 Avril. — Le soleil a reparu chaud et brillant, et nous partons avec grand fracas dans une immense voiture, les hommes crient, les chevaux agitent leurs grelots, les fouets déchirent l'air, enfin nous sommes en route.

Passant au pied du tombeau de Virgile, nous traversons la *Grotte du Pausilippe,* si haute, si longue, éclairée jour et nuit par des lampes, laissant entrer un peu d'air et de soleil par ses deux extrémités. C'est un ouvrage de géant où l'on retrouve la grandeur des Romains; les voitures, les troupeaux s'y croisent et s'y pressent, et dans cette double lueur incertaine, les ombres confuses tiennent de la fantasmagorie.

Au sortir de cette galerie une jolie route conduit au petit lac d'Agnano. Fort coquet par lui-même, il emprunte un surcroît d'intérêt aux ruines des bains de *Lucullus* et à la *Grotte du Chien* dans laquelle un phénomène singulier de la nature corrompt l'air dans la zone inférieure sans l'altérer dans sa partie supérieure ; des sources de vapeur sulfureuse jaillissant près du lac s'expliquent par le voisinage du cratère éteint de la Solfatara ; ce Vésuve en miniature est couvert d'une surface blanchâtre, fumante, fendillée, exhalant une vapeur infecte et résonnant sourdement sous les pas comme une voûte.

Une charmante route en corniche mène de là à Pouzzoles, gracieuse petite ville se détachant en teintes blanches et roses sur le bleu de la mer ; il faudrait peindre, car on ne peut décrire cette richesse de teintes se montrant à chaque pas sous des aspects nouveaux, imprévus, plus jolis les uns que les autres.

Les ruines romaines sont nombreuses à Pouzzoles, on s'y arrête peu, car elles ont le tort d'être à côté de l'amphithéâtre enseveli par l'éruption du *Monte-Nuovo* récemment déblayé ; il est parfaitement conservé et unique, je crois, dans la disposition des trappes et des chambres souterraines pour les animaux, il est consacré en outre par un souvenir plus précieux : celui du martyre de saint Janvier.

Au-delà de Pouzzoles, la route quitte la mer, serpente entre des vignes qui courent en guirlandes d'arbre en arbre et passe sous une des anciennes portes de Capoue, pour suivre l'antique *Via Appia* de cette ville.

Par respect d'antiquaires, je pense, les édiles modernes n'ont pas voulu toucher un pavé de cette route, et l'on y subit une sucession de bonds et de cahots qui font arriver à demi-disloqué au lac Averne, où la fable plaçait l'entrée des enfers, puis à l'antre de la Sibylle, vaste galerie sombre et submergée que l'on parcourt avec des torches, et juché sur les épaules d'un guide. Dans la chambre de la prêtresse se voient des fresques en stuc, une statue en marbre — celle de la Sibylle, dit-on — et l'étroite ouverture à travers laquelle elle rendait ses oracles.

Suffisamment édifiés sur ce nouveau mode de sport, nous revenons au jour et nous reprenons avec satisfaction notre véhicule et notre route. Celle-ci se rapproche de la mer, s'en éloigne de nouveau pour nous montrer les débris de Cumes, y revient encore, et de merveille en merveille nous conduit à Baïes.

César, Pompée, Marius, Néron, avaient

tour à tour fait de Baïes leur séjour favori, la débauche, y régnait alors en reine, et long-temps après eux elle y conserva son empire. Au moyen âge elle s'appelait encore : *ruina dei vecchi e dei giovanni* ! Il reste à peine quelques vestiges de ces villas somptueuses, mais les ruines des temples de Diane, de Mercure et de Vénus sont toujours debout: sous une voûte de ce sanctuaire, des jeunes filles dansent devant nous leurs tarentelles, au son des casta-gnettes et du tambourin ; le rythme est sauvage, le pas aussi et le tableau se trouve bien placé dans ce cadre de ruines parées de plantes grimpantes.

Sur le cap Misène plane le poétique souvenir de Corinne, l'on comprend que Madame de Staël se soit laissée enthousiasmer par ce roc élevé, incessamment battu par les flots et dominant le golfe qui s'étale tout entier à sa base. On y voit aussi de nombreux tombeaux romains, la vaste piscine à cinq rangées de piliers construite par Néron et nommée *Grotta Dragonnaria* et les cent chambres étroites, humides et obscures qui servaient de prison aux victimes de la cruauté du tyran; c'est là qu'il fit enfermer sa mère Agrippine. On descend avec des torches, l'air manque et l'on se sent doublement oppressé en pensant à tous les infortunés qui y trouvaient la mort.

Tombeaux et galeries sont envahis, de nos jours, par une population mendiante couverte de haillons, mais qui se drape fièrement dans ses guenilles; l'apparence maladive de cette tribu nous frappe, les femmes surtout manquent de fraîcheur, les enfants fourmillent avec de jolis minois, l'œil noir, l'air spirituel et fripon.

Pour revenir à Naples, nous côtoyons longtemps la mer; le soleil couchant donne des teintes chaudes et riches au paysage, il faudrait tremper sa plume dans l'or et dans la pourpre pour le décrire.

4 Avril. — Le ciel, la terre et la mer s'unissent pour nous convier comme à une fête, nous nous laissons séduire aux tentations de l'île de Capri, de la grotte azurée et des montagnes entrevues de loin; les flots semblent si calmes

que nous sommes sans défiance, les traîtres !...
leur perfidie est un regret, car sous le beau
ciel de Naples on jouirait si bien de la vie,
paresseusement bercé par les vagues se brisant sur des rives enchantées.

La grotte azurée est d'un effet fort étrange,
sans répondre cependant à tous les frais de
l'imagination: les flots sont laiteux et d'un bleu
tendre, bleues aussi semblent par réflexion
les parois du rocher; curieuse anomalie ! les
objets plongés dans l'eau apparaissent argentés. Une ville haut perchée, de grands rochers
et de belles vues de mer forment de l'île de
Capri un joli ensemble, le retour par Sorrente
en faisant le tour du golfe doit être charmant;
doit... hélas ! sur mer il me faut admirer par
procuration.

5 Avril. — Le Vésuve ! Ce mot dit beaucoup à
lui seul, et pourtant, en vérité, lorsqu'on approche, l'attente est surpassée. Des torrents
de lave tourmentée et carbonisée sillonnent le
flanc de la montagne, et la vue sur le golfe
grandit à chaque pas ; trois heures de chevau-

chée amènent au plateau de l'ancien cratère nommé la Somma, où l'on abandonne les montures. Du milieu de cet espèce de cirque jaillit un cône immense, le Vésuve proprement dit ; on le gravit à pied de la manière la plus pittoresque, tiré, poussé, porté sur les scories aiguës et roulantes par des indigènes à l'air tant soit peu sauvage.

Au sommet, le spectacle est sublime ; le cratère béant, fumant, les teintes ardentes du soufre et de la lave rougie dans le brasier ont quelque chose de morne, de désolé, et cependant de grandiose qu'on ne s'imaginait pas ; en se retournant, la vue embrasse, d'un côté la baie, les îles, la ville de Naples et les montagnes de Gaëte fermant l'horizon ; de l'autre, Pompéi, Castellamare, Sorrente, les montagnes et le golfe de Salerne ; l'abîme sous les pieds, et au loin les plus riantes images. A travers cette nature dévastée, marquée du sceau de la mort, surgit çà et là une touffe d'herbes, une fleur parlant de vie et de résurrection.

6 Avril. — Il semble que la puissance d'ad-

miration se développe à proportion des jouissances qui lui sont offertes. Jamais journée ne
m'a laissé un plus gracieux souvenir; la mer
est bleue, le ciel profond, harmonieux, l'atmosphère transparente presque comme en Orient,
l'air.paraît si doux à respirer que l'on se sent
heureux sans savoir pourquoi; il y a dans tout
cela un charme étrange, indéfinissable qui
enivre.

Rapidement entraînés sur la route en corniche qui longe le golfe de Naples, nous voyons
tour à tour Castellamare, Vico si coquettement
étagé sur les rochers, et Sorrente encadré
de bois d'orangers. Les îles, la baie, le Vésuve
ferment l'horizon, et des tons chauds, une lumière inconnue ailleurs donnent à ce tableau
des nuances à rendre le ciel jaloux.

Les églises sont négligées et pauvres, comme si elles paraissaient superflues dans ce pays,
où la nature entière semble un vaste temple,
tout y parle de Dieu, appelle à la prière et fait
monter la reconnaissance du cœur aux lèvres.
Et penser que des infortunés se morfondent et
s'ennuient au loin, qui pourraient si facilement

venir s'épanouir sous ce beau soleil : *é peccato veramente*. Dieu qui s'est plu à faire cette terre si belle ne leur demandera-t-il pas compte un jour de la faculté d'admirer mise au cœur de toute créature et que beaucoup laissent éteindre faute d'aliment.

7 Avril. — A *Capo di Monte*, un grand palais, des jardins vastes et beaux, une verdure bien fraîche, de longues allées ombragées, des bosquets discrets, des fleurs à profusion, des faisans et des paons errant en liberté sous les arbres, cela est gracieux comme une idylle et repose délicieusement les yeux des grands horizons des jours précédents.

8 Avril. — De Naples à Salerne, la route suit la plaine de Portici, Résina et Pompéï, puis elle traverse de hautes montagnes et rejoint la mer qu'elle domine à pic. Le golfe de Salerne est beau, la ville aussi, mais avec un cachet sauvage; je préfère Sorrente dont le paysage coquet s'harmonise mieux avec les féeries du ciel et de la mer de Naples.

10 Avril. — Adieu à Naples !... Il y fait si beau et si bon ! Dire adieu à une chose que l'on a aimée ne fût-ce qu'une heure, impressionne toujours, c'est une fleur arrachée à cette pauvre couronne terrestre qui s'effeuille si vite. D'ailleurs Naples n'est pas une ville comme une autre : on s'y attache beaucoup et dès le premier instant. Je ne sais si c'est un Eden rendu à l'homme pardonné, mais on dirait que le bon Dieu l'a parée avec prédilection : dans le ciel, sur mer et sur terre tout est lumière et joie, les larmes y feraient un contraste avec toute la nature.

Pourtant il faut partir... Le brouillard, dont un sort malin avait enveloppé notre venue, est dissipé, un soleil brillant éclaire la route, nous montrant tour à tour le château royal de Caserte, les hautes montagnes et les vallées sauvages des Abruzzes, le mont Cassin, de jolies villes, les Marais Pontins et Rome où nous revenons enfin.

LA SEMAINE SAINTE A ROME

Quelles impressions différentes l'âme ressent à Rome et à Naples; ces deux villes plaisent mais à des titres divers, et il est curieux de constater combien les objets extérieurs ont d'influence sur nous ; Naples est empreinte de gaieté, de mouvement et de vie, on y respire à pleins poumons; à Rome, il y a dans l'air même quelque chose de grave, d'imposant de solennel, qui rendent naturel le recueillement et le silence.

Les Italiens sont démonstratifs par caractère; leur enthousiasme trouve aujourd'hui un aliment dans le souvenir de la protection miraculeuse qui sauva Pie IX lors de l'éboulement des échafaudages de *Sainte-Agnès fuori di muri*. Pour célébrer cet anniversaire le Saint-Père

passe son armée en revue, la bénit, la regarde
défiler et recueille les cris mille fois répétés
de : vive le Pape-roi ! une illumination brillante et spontanée éclaire sa rentrée dans
Rome ; cet élan d'amour de son peuple doit ré-
jouir le cœur du Pontife et cette fête est
rendue plus belle par le sentiment qui l'inspire... Pourtant la foudre gronde au loin, me-
naçant le trône de l'auguste vieillard et l'on
tremble en songeant combien les exclamations
du peuple sont un fragile appui : l'hosanna qui
accueillit Jésus-Christ à Jérusalem ne s'étei-
gnit-il pas dans les huées du Calvaire ?

14 Avril. — DIMANCHE DES RAMEAUX. — La
bénédiction des palmes est la première des
cérémonies qui se célèbrent à Saint-Pierre ; les
offices se font en général à la chapelle sixtine,
ils inspirent peut-être plus de recueillement
mais ils sont difficilement accessibles.

A Saint-Pierre, tout affecte une allure majes-
tueuse, et il n'est pas aisé, sans l'avoir vu, de
se faire une idée du grand air d'une procession
papale : un roulement de tambours annonce

l'approche du Saint-Père, le défilé commence :
le clergé, les chanoines, les évêques, les cardinaux, les patriarches grecs et arméniens,
ceux-ci resplendissants sous les broderies d'or
de leurs costumes bysantins, les gardes-nobles,
les princes, les sénateurs se suivent escortés
de la garde suisse, puis le Pape paraît et s'a-
vance lentement, porté sur la Sedia par douze
hommes vêtus de rouge. Il est impossible de
voir quelque chose de plus solennel, on se sent
transporté dans un monde tout différent de
la vie moderne, les pourpoints, les haut-de-
chausses, les crevés, les collerettes, les cuiras-
ses et les hallebardes sont à leur vraie place.

Le Saint-Père descend de la Sedia au fond
du chœur, se place sur son trône élevé sous
la chaire de Saint-Pierre ; on lui présente les
palmes, il les prend une à une, le destinataire
s'approche, plie le genou, baise l'anneau pon-
tifical, baise la palme, la reçoit et se retire. Le
Pape assiste ensuite à la messe dite au maître-
autel par un des cardinaux, puis la procession
quitte Saint-Pierre dans l'ordre où elle est
entrée.

16 Avril. — MARDI SAINT. — Chemin de la croix au Colisée. Les vieux échos des voûtes païennes répètent les chants graves de notre culte, le peuple recueilli et silencieux suit la croix et se groupe sur les gradins ruinés de l'amphithéâtre. Tout à coup, un homme se montre sur l'étage le plus élevé du cirque, il parle, il crie, il semble parodier le prêtre, la foule indignée se contient pour ne pas troubler aussi la cérémonie; mais à peine la bénédiction est-elle donnée que des zouaves s'élancent, et la poursuite commence, c'est un véritable assaut, l'animation s'accroît, les barrières sont enfoncées, les ruines escaladées, à chaque brèche, à chaque porte se montre la tête d'un soldat, le coupable est atteint, cerné, entraîné, l'exaltation est à son comble : ce n'est pas un Français! Ce mot est accueilli par des hourras; Monseigneur Bastide intervient, empêche que justice sommaire ne soit faite, il calme les plus ardents, les gouverne tous par sa voix connue et aimée d'aumônier des zouaves, puis emmène le profanateur pour le remettre entre les mains de la justice.

17 Avril. — MERCREDI SAINT. — *Miserere*
chanté par les voix pures et charmantes de
ces chanteurs réputés de la chapelle sixtine.
Miserere aussi à Saint-Pierre dans la chapelle
du Saint-Sacrement; au sortir de l'office des
ténèbres, le Pape à pied, suivi d'un petit cortège, va prier au tombeau de saint Pierre.

18 Avril. — JEUDI SAINT. — Grande cérémonie dans Saint-Pierre : le Pape donne la première bénédiction à la Loggia, puis lave les
pieds des douze prêtres désignés pour repré-
senter les Apôtres, et les sert à table; enfin les
ténèbres et le *Miserere* dans la chapelle sixtine.

19 Avril. — VENDREDI SAINT. — *Miserere* de
la chapelle sixtine, après lequel Pie IX va en
pompe prier à Saint-Pierre.

Les pèlerins de la campagne romaine sont
arrivés par bandes immenses, ils envahissent
la basilique; et leur foule nuit au recueillement, de plus, il fait siroco..... cela rend lâche
et paresseux, quelque dépit qu'on en ressente;
le siroco est un je ne sais quoi d'énervant qui

se répand dans l'atmosphère, qui ne se définit pas, mais dont l'impression est très pénible; ce n'est pas précisément de la chaleur, c'est l'air qui semble manquer, on étouffe, on perd la force de se mouvoir, presque la faculté de penser. Il faut les grandes solennités de la Semaine Sainte pour tirer de cette torpeur, en dehors d'elles, oubliant tout ce qui plaisait si fort naguère, on ne cherche plus que l'ombre et le repos. On les demande volontiers aux villas qui entourent Rome de frais massifs.

20 Avril. — Samedi saint. — Les quarante heures nous appellent à Saint-Ignace, l'église est entièrement drapée de damas rouge rehaussé d'or, le fond du chœur seul est caché par un voile noir. Le chant du *Gloria* d'une suave harmonie, semble venir du ciel ; tout à coup le voile tombe, le Saint-Sacrement apparaît au milieu d'une auréole de rayons d'or reflétant l'éclat de mille cierges.

21 Avril. — Paques. — L'office est plus majestueux aujourd'hui encore, car le Pape célèbre lui-même; les grands uniformes, les beaux ornements sont revêtus, un peuple entier se presse dans Saint-Pierre, avec un air de fête ; Une douce béatitude resplendit sur les traits du Saint-Père et lorsqu'à l'élévation il se tourne successivement vers les quatre points cardinaux, il semble que le ciel va s'ouvrir à sa voix, c'est vraiment là l'image d'un saint priant pour le monde entier.

Le Pape communie assis et avec un chalumeau selon l'ancien rite; après l'exposition des grandes reliques, le cortège s'achemine vers l'escalier de la *Loggia*, balcon d'où le Pontife donne la bénédiction solennelle, c'est le moment le plus touchant de cette journée si fertile en pieuses émotions.

La foule s'agenouille frémissante d'enthousiasme, la grande figure de Pie IX paraît plus grande, plus sublime encore, il lève les yeux et les mains vers le ciel pour y chercher un trésor d'indulgences, et d'une voix forte et sonore il les répand aussitôt sur ses enfants prosternés.

« Au moment présumé de la bénédiction tous

« les regards se tournent ves la loge pontifi-
« cale, la croix s'y montre d'abord, les cardi-
« naux paraissent un instant deux par deux
« et se retirent... la loge est vide de nouveau...
« Et voilà que du fond de ce vide, une tête,
« un buste, une forme vénérable de vieillard
« couronné s'avance, on ne sait pas comment,
« jusqu'à la croisée. Peu à peu ce vieillard se
« lève de toute sa hauteur ; les cloches qui
« sonnaient se taisent, le canon qui tonnait ne
« tonne plus, la foule pressée sur la place fait
« silence et s'agenouille, et le vieillard seul
« debout élève les mains en haut, invoque le
« Dieu dont il est le vicaire sur la terre, puis
« les rabaissant vers les fidèles il les bénit par
« trois fois. »

La cérémonie finie, la place Saint-Pierre offre
un curieux coup d'œil par le défilé des trou-
pes, des voitures des cardinaux, des évêques,
des princes et des ambassadeurs luttant de
richesse dans leurs livrées et leurs équipages.

Nous autres enfants du dix-neuvième siècle,
nous ne connaissons plus guère ces carrosses
rouges, dorés, surmontés de galeries et de

frontons avec un grand siège sur lequel est assis un gros cocher galonné et poudré, tandis que trois ou quatre laquais chamarés s'étagent par derrière sur les marchepieds, les chevaux aussi sont couverts de rubans et de pompons de couleurs claires. La livrée du gouverneur de Rome entre autres se mélange de rouge et de jaune, avec addition de grosses fraises à la Henri IV, et pour compléter l'illusion, de petits pages en costumes charmants entourent la voiture. Ce luxe nous étonne, dis-je, mais en vérité, il a grand air.

Le soir, l'illumination de la coupole nous ramène sur la place Saint-Pierre; les arêtes et les cordons sont marqués par des lampions, qui comme une ligne de feu dessinent l'édifice et les colonnades; au moment où l'heure sonne, quelque chose d'enflammé s'élance, court, vole sur les coupoles, sur les galeries, sur la croix, en redouble la clarté, s'y arrête et forme des guirlandes et des festons étincelants, brillante magie qui surprend et charme à la fois.

22 Avril. — Pour clore les fêtes de Pâques

un feu d'artifice se tire au Pincio, le plus pétillant, le plus éblouissant que j'aie jamais vu, l'odeur de la poudre remplit l'air, le bruit du canon accompagne les gerbes et les fusées, l'on comprend alors que ce concert et ce parfum puissent griser les soldats au jour de la bataille.

24 Avril. — Nous quittons Rome en emportant au fond du cœur et la reconnaissance des jours écoulés et le regret de l'adieu, celui-ci doublé d'une première séparation dans notre bande.

La ville se déroule un moment encore devant nous, puis la coupole de Saint-Pierre disparaît derrière un pli de terrain et nous nous enfonçons dans une vallée sauvage des Apennins.

J'ai les yeux encore pleins des magnificences de Rome, et malgré moi, en quelque sorte, je revois, tantôt les clochers et les dômes des églises et des palais, tantôt les lignes fuyantes de la campagne romaine se perdant dans un ciel merveilleusement pur, je m'étonne de ne pas rencontrer, à chaque détour de rue, un obélisque, une statue, une fontaine aux délicates ou grandioses sculptures; illusion! Je suis à Ancône, ville morne s'il en fut, et qui n'a rien de remarquable en elle-même, sauf le portique de la Bourse et les façades romanes de quelques églises. A la voir ainsi, rendue plus triste par son port dégarni de navires, ses quais déserts et ses docks vides de marchandises, on ne dirait pas une grande cité, heureusement, dans les environs, deux grands et beaux

15.

souvenirs sont réunis sur un même point : Notre-Dame-de-Lorette et Castelfidardo!

Le pieux pèlerinage, memento de la Vierge bénie et l'humble maison, transportée miraculeusement par les anges pour la sauver des profanations, couvrent de leur sainte protection, ce champ de bataille, témoin de tant de dévouements et de gloires ignorés. Là est la ferme où Pimodan blessé à mort fut porté, ici la colline couverte du sang des généreux défenseurs du Pape, plus loin le bois où s'était retranchée l'artillerie et le coin de terre où repose la dépouille de tant de braves; une simple croix de bois surmonte cette tombe commune mais l'humble insigne du chrétien parle plus haut à l'âme que le riche monument des fiers vainqueurs, et c'est avec émotion que la prière jaillit du cœur pour les défenseurs de la faiblesse opprimée.

Lorette a conservé ses anciens costumes; les femmes enveloppent, avec une certaine grâce, leurs cheveux dans un mouchoir rouge, elles portent un corset ouvert en carré, des jupes de grosse laine, un tablier blanc brodé; elles complètent leur parure par des colliers et d'énormes boucles d'oreilles en or. Pour les hommes ce ne sont plus les grands chapeaux de feutre, la veste de peau, les culottes, les guêtres et les sandales des chevriers de la montagne, ici tous revêtent par-dessus leur pantalon une longue blouse blanche qui descend jusqu'à mi-jambe et ne diffère d'une chemise que par le nom, ils y joignent un gilet rayé sans manches, ce qui ajoute encore à l'illusion, et surmontent ce costume d'un grand bonnet de laine rouge orné de dessins et retombant sur une oreille. Cet accoutrement est assurément la mode la plus bizarre qui ait jamais été inventée; on dirait les grands coupables de jadis et l'on regarde involontairement s'ils ont la corde au cou.

26 Avril, — En quittant Ancône la route côtoie le rivage de la mer, qui, calme et transparente, provoque le désir de courir dans l'eau avec la bande des pêcheurs en quête de menus poissons. Après Rimini, on traverse de grandes plaines ornées de vignes s'élançant en festons d'une branche à l'autre et l'on gagne assez rapidement Bologne, jolie ville, propre, blanche, bien bâtie, recevant de ses rues en arcades une physionomie fort agréable.

La place Majeure est décorée d'une grande fontaine surmontée de la statue de Neptune, sculptée par Jean de Bologne, l'eau jaillit de la poitrine de sirènes, idée qui semble assez singulière.

En face du palais est l'église Santo-Petronio où l'âme s'épanouit dans le recueillement du style gothique, plus sévère et plus en harmonie avec la majesté du culte catholique que les décors du genre italien.

On ne saurait venir à Bologne sans visiter les tours penchées des Azinelli, bâties en briques et très hautes, mais curieuses uniquement par leur manque d'aplomb; en revanche, sur la place Saint-Dominique deux tombeaux antiques font admirer leurs sarcophages sculptés et soutenus en l'air sur des colonnes de marbre.

Dans l'église de Saint-Dominique, on s'arrête à juste titre devant la châsse en marbre blanc contenant les ossements de l'illustre fondateur des Frères-Prêcheurs ; les bas-reliefs qui la décorent sont dus à Nicolas de Pise, et Michel-Ange l'a surmontée d'un merveilleux petit ange.

La basilique de Saint-Etiennne, la plus ancienne de Bologne (elle date du cinquième siècle), est aussi, sinon la plus belle, du moins la plus curieuse par son agglomération de sept petites églises distinctes, dont l'une servant de baptistère était jadis un temple d'Isis et lui doit ses colonnes.

Enfin l'église de Saint-Luc est célèbre par l'image de la Madone peinte par saint Luc, apportée au douzième siècle à Bologne et conservée dans une chapelle que le dix-huitième siècle a revêtue de marbre et d'or. Une galerie en arcades ou portiques couverts, de plus d'une lieue de long, relie la ville à cette église et de la terrasse qui la précède, on jouit d'une belle vue sur Bologne, les plaines de la Lombardie et la chaîne des Apennins. Près de l'église, au pied de la montagne, est une ancienne Chartreuse, aujourd'hui Campo Santo ; ces longs cloîtres silencieux, pavés de pierres tumulaires, avec leurs préaux ornés de sombres cyprès sont empreints d'une poésie grave en harmonie avec la pensée de la mort.

Onze heures du soir. — Je dis adieu à mon frère et à sa femme; il faut se quitter et cet adieu semble tout obscurcir autour de moi, lorsqu'on est avec ceux que l'on aime, on s'engourdit en quelque sorte dans cette jouissance, on les voit, on les entend; ils sont là; cela suffit; mais lorsque le départ réveille douloureusement, lorsqu'il n'y a plus que la pensée entre eux et vous, comme on voudrait ressaisir le passé, que de choses que l'on n'a pas dites se pressent dans le cœur et sur les lèvres! Hélas, en ce monde, le réveil n'est-il pas presque toujours une souffrance?

27 Avril. — Nous sommes à Gênes de bonne heure, mais le temps est gris, et c'est triste aussi de retourner seul où l'on a été ensemble? Je recommence cependant le tour de la ville et je pousse ma promenade jusqu'au phare. Du haut de la lanterne le panorama sur le golfe est splendide, mais l'ascension n'est pas sans émotions , alors surtout , que quittant une haute échelle de fer, on marche sans appui sur une étroite galerie surplombant la mer à cent trente mètres.

30 Avril. — J'ai revu la Corniche et je crois qu'elle m'a paru plus jolie qu'à mon premier passage; il faut que cette impression soit bien profonde car je suis peu disposée à la ressentir. Je reviens au lieu de partir, la diligence est une fâcheuse contrefaçon du vetturino et le gros Anglais, mon voisin, dont l'ampleur empiète sur ma place, représente mal mes bons compagnons du départ.

En ce moment tout est vert, fleuri, gracieux, la mer reflète gaiement l'azur du ciel , les rayons ardents du soleil colorent le paysage et paillettent d'argent la crête des vagues. Ce serait ici l'heure de parler aussi du spectacle que nous donnent, le soir venu, des myriades de lucioles , voltigeant lumineuses autour de nous, comme des étincelles tombées du ciel, elles s'élèvent, s'abaissent, se poursuivent et disparaissent pour se montrer de nouveau sous la voûte fleurie des orangers. On croit rêver ou assister aux féeries des Contes d'Orient.

Puis la mer tout le long du chemin, toujours la mer, avec son immensité pleine de mystères et d'attrait, sa grande voix solennelle et le mouvement incessant de ses flots. Ce spectacle qui ne fatigue jamais captive et porte l'âme à la réflexion, sans doute parce qu'elle y trouve l'image de l'agitation et de l'inquiétude de ses pensées, de ses aspirations... et pourtant, dans la main de Dieu, ne devrait-elle pas s'endormir calme et confiante?

HOLLANDE

1876

Encore un voyage, sera-ce le dernier ? Pourquoi ? J'aime les voyages, ils ouvrent des horizons nouveaux, distraient par le changement continuel des décors, charment par l'imprévu ; les gens sérieux vont même jusqu'à prétendre que les voyages instruisent. Je laisse les gens sérieux... aux gens sérieux et je voyage..... parce que j'aime les voyages.

Rotterdam, 2 Juillet. — Un chemin de fer inachevé procure encore l'heureuse chance d'une arrivée charmante en bateau à vapeur, et ce premier coup d'œil impressionne favorablement. La propreté de la ville, son cachet d'antiquité, ses canaux, sa tranquillité silencieuse frappent aussitôt. Les maisons à pignons aigus ont un aspect particulier, le tableau est complété par le costume des femmes, dont la tête est ornée de spirales et de plaques d'or ayant beaucoup d'analogie avec des œillères; c'est singulier mais pas joli du tout. En revanche il y a un canal isolé, agréable entre tous, avec ses maisons basses et ses jardins plongeant dans l'eau, le clair de la lune lui imprime une apparence mystérieuse et met l'imagination en éveil.

3 Juillet. — De Rotterdam à La Haye, la route traverse de vastes prairies, vertes et fraîches séparées entre elles par de petits canaux; de belles vaches blanches et noires y ruminent paisiblement, tandis que des cigognes circulent gravement sur leurs longues pattes et que des bandes de sansonnets s'ébattent en caquettant. Ces praieries résument le paysage en Hollande, riant et gracieux, mais monotone, on s'explique le goût des habitants du Nord pour les teintes brumeuses, elles ferment leur horizon!

4 Juillet. — La Haye. S'Gravenhage; belle

ville coupée de canaux dont les quais bordés
d'arbres ont toute la gaieté conciliable avec le
silence : les rues sont désertes, toutes les villes
de Hollande semblent un peu des villes mortes,
mais au moins elles ont conservé leur cachet,
l'on sent qu'elles sont aujourd'hui ce qu'elles
étaient déjà il y a un siècle, et que le temps
passe sur elles presque sans les toucher ; cette
stabilité étonne dans notre ère de progrès et
dispose en faveur des Hollandais.

D'un côté de la ville s'étendent de hautes
futaies, de l'autre court la route de Schevnin-
gen, longue avenue de quatre rangs de vieux
arbres se réunissant en voûtes profondes et
bordée de coquettes villas.

A la Haye peu de monuments, quelques
statues sur les places et le palais du roi, d'une
simplicité... républicaine : les tentures et les
rideaux sont en papier feutre! Toute la richesse est dans les musées : Potter, Rembrandt,
G. Dow, Van Dick, Rubens, Wouwermann s'y
pressent à l'envi, presque autant de chefs-
d'œuvre que de tableaux.

Nous assistons à des courses de chevaux,

trotteurs attelés d'une vitesse extrême : on les dresse, dit-on, au clair de la lune, ils sont stimulés par leur ombre.

5 Juillet. — Suite de la même route au milieu des mêmes prairies, je ne m'en plains pas.

Les cygnes, majestueux dans leur allure, se montrent nombreux aux bords des canaux.

Station à Leyde : toujours des canaux, des quais plantés, des rues désertes, des maisons à pignons, mais celles-ci bâties en briques foncées sont égayées par les nuances claires des fenêtres et des volets. A Leyde pas de musées de tableaux mais de belles collections d'antiquités japonaises, indiennes, égyptiennes et un très riche musée d'histoire naturelle.

6 Juillet. — Haarlem, des canaux, des quais plantés ; des trous dans les trottoirs, ce sont les puits ; des maisons à pignons, ce sont les palais ; des carrés de papiers de soie sur les tables auprès des couverts : ce sont les serviettes ; des serviettes dans les lits : ce sont les draps ; et puis c'est tout, et deux jours à Haar-

lem c'est trop; la monotonie amène vite la sa-
tiété à moins de voyager en savant... La route
de Haarlem à Sandpoort longue de 5 ou 6 kilo-
mètres est charmante; le chemin ombragé
court à travers la plaine vers les dunes qui,
vues à distance, produisent l'illusion de montagnes.

Une ville apparaît à demi perdue dans la
verdure, un moment on rêve de Tivoli, et on
arrive aux ruines assez modestes de Brodero-
de, mais là on touche aux dunes, et il faut leur
ôter tout ce que l'imagination leur avait prêté :
la plus haute ne dépasse pas soixante pieds !
Au retour on traverse Blomendal, bien nommée la vallée des fleurs, car elle est ravissante de fleurs et de parfums où se baignent de
coquettes villas.

7 Juillet. — Le Helder, Niurdiep. Le port
de la Hollande protégé par des digues fabu-
leuses, et la mer de Haarlem aujourd'hui plaine
fertile. — Ici la réflexion est nécessaire pour
payer un suffisant tribut d'admiration à cette
conquête de la terre sur l'eau, car les choses

sont si bien ainsi que l'on ne s'imagine pas tout d'abord qu'elles aient pu être autrement, et il faut raisonner pour se rendre compte. Or, je suis trop paresseuse pour raisonner, il me suffit de jouir de cette verdure fraîche et jolie comme un rêve de printemps sans en sonder le pour quoi? on arriverait trop vite ici-bas à des problèmes sans solution.

8 Juillet. — Amsterdam. — La rivale de Venise. — Le coup d'œil est superbe sur les larges canaux, sur les quais plantés et bordés de maisons en briques foncées aux pignons découpés, sur le vaste port, plein de vie et de mouvement partout. A cette reine du Nord il manque, il est vrai, un ciel bleu et des palais de marbre mais elle a une beauté sévère qui sied mieux à son climat et à ses habitants : à Venise la poésie de l'Orient qui contemple, à Amsterdam la richesse et la grandeur du peuple qui travaille.

Une chose me frappe : la régularité des transformations de l'atmosphère : le matin le ciel est chargé de nuages ; en tout autre pays on croirait à la pluie, en Hollande il n'en est rien, le soleil apparaît fidèlement à midi, mais c'est toujours ce soleil pâle presque sans chaleur dont on trouve le reflet dans l'école hollandaise, puis les couchers du soleil et les soirées sont splendides.

Vongelsparck, dessiné dans le goût anglais est une jolie promenade et presque la seule d'Amsterdam : La flânerie ne trouve guère de place dans la vie sérieuse de ce peuple laborieux, on ne sait qu'y faire de son oisiveté, et les touristes sentent vite cette lacune lorsqu'ils essayent de s'arrêter.

Les chantiers de la marine sont intéressants, curieux aussi les ateliers de la taille du diamant dont les Israélites se sont exclusivement emparés ; parmi les jeunes ouvrières on retrouve le beau type juif dans toute sa pureté.

Le palais royal offre un mélange de tentures foncées et de marbres précieux aux fines sculptures, les églises ont ce froid aspect des temples du culte réformé, les jardins zoologiques et botaniques sont intéressants, mais Amsterdam, outre ses canaux et ses vieilles maisons, se résume dans ses musées qui sont le dernier mot de l'école hollandaise.

Je me demande pourquoi celle-ci marque en général une préférence pour le trivial dans le choix de ses sujets ou de ses types : il me semble que la laideur est tellement à l'ordre du jour dans la réalité de la vie qu'on devrait vouloir l'oublier au moins en trouvant le beau et l'idéal sous le pinceau des maîtres.

En Hollande ils sacrifient trop à la vérité !

10 Juillet. — Zaandam (Sardam), lorsqu'on y arrive en bateau, donne l'illusion d'une boîte de jouets regardés à la lunette grossissante : les maisons petites et régulières sont peintes en bleu, en vert, en paille ; de grands moulins agitent leurs bras en tous sens, des bouquets de verdure surgissent de toutes parts, le canal paisible reflète ce kaléidoscope d'un nouveau genre, qui semble vraiment trop coquet et trop joli pour être naturel. La cabane du pêcheur consacrée par le souvenir de Pierre le Grand mérite la visite qu'on ne lui marchande jamais.

La route de Zaandam à Buiksloot longeant

le canal bordé de moulins à vent à larges galeries est une promenade charmante, puis en quittant Buiksloot le chemin traverse les polders sur de grandes chaussées ombragées comme des avenues et le long desquelles sont semées ce qu'en Hollande on nomme des fermes. On a peine pourtant à s'y expliquer la vie rurale telle que nous la comprenons et nos paysans seraient bien ébahis et désorientés, si un coup de baguette les transportait dans ces charmantes maisonnettes peintes, si propres, si soignées, au milieu des vergers, dont les arbres sont badigeonnés en blanc ou bleu de ciel; leur étonnement serait bien plus grand encore, pendant les six mois d'été que les vaches passent parquées dans les prairies, les étables se transforment en salons, où les cailloux formant pavés sont peints et disposés en mosaïques; on y étend des nattes, on les orne de vieilles faïences de Delphes et d'ustensiles de ménage brillants comme de l'argenterie.

La route traverse tour à tour Monikindam, Sumerend et Broelk, villages où tout est en miniature et semble jeu d'enfants en dehors de la vie réelle. Au retour, Amsterdam vu dans la brume du soir, de la rive opposée de son large port, offre un coup d'œil imposant et vraiment superbe auquel les coupoles de son palais d'Industrie ajou.ent une note étrange mais agréable.

12 Juillet. — **A** Utrecht, j'ai principalement remarqué la belle nef d'une ancienne cathédrale gothique et tout auprès, sans doute dans ce qui fut l'évêché, une cour entourée de cloîtres à ogives d'une vénérable antiquité. Sur la même place s'élève à une hauteur prodigieuse la tour découpée à jour, comme celle de l'église de Strasbourg, d'un aspect fort imposant.

Le vieux canal est très curieux avec ses maisons dont les sous-sols plongent dans l'eau formant une série d'arcades sous les quais; mais plus curieux encore, un canal écarté qui a tout l'air d'avoir été oublié par le moyen âge, avec ses maisons **à** pignons très ornées, baignant leurs murs dans l'eau sur laquelle s'ouvre l'étage inférieur, tandis qu'au premier, chaque porte se relie à la rue par un pont, ces constructions sont d'un aspect original qui plaît fort.

Utrecht est complètement entouré d'un aussi large canal bordé d'arbres. — Cette ceinture de verdure des villes hollandaises contribue beaucoup à leur cachet frais et coquet.

Au résumé, la Hollande répond, Amsterdam surtout, à l'idée qu'on en avait, elle tient toutes ses promesses, mais une fois la curiosité satisfaite, on reste sans regrets et sans désirs, et l'on emporte au départ aucune pensée de retour; c'est là, pour moi, ce qui caractérise la différence entre la Venise du Nord et celle du Midi; l'une belle, riche, sérieuse et froide, l'autre belle aussi et d'une poésie qui captive. On admire l'une, mais on aime l'autre, et c'est à celle-là, comme à la page préferée, qu'on voudrait revenir toujours.

TABLE

BIBLIOTHÈQUE NATIONALE — IMPRIMÉS

EGYPTE. — TURQUIE. — PALESTINE. — GRÉCE

ITALIE

HOLLANDE

Paris. — Imprimerie Téqui, 92, rue de Vaugirard.

www.ingramcontent.com/pod-product-compliance
Lightning Source LLC
LaVergne TN
LVHW020112060726
842526LV00004B/1089